# スピリチュアル
# オーラブック basic

スピリチュアリスト
江原啓之

# 目次

## 1
## 第1のオーラ
P.5

# 2

# 第2のオーラCheck!

P.43

# 目次



## 巻末付録
## オーラカルテ

注釈
この本では、「霊体のオーラ」の中で、本質的な人格を表すものを「第１のオーラ」とし、感情や状況の影響を受けるものを「第２のオーラ」として便宜上分けて説明しています。

1

# 第1のオーラ

ここでお話しするのは性格や気質を表す、
霊体(スピリチュアル・ボディ)のオーラ。
その基本となる「第１のオーラ」を紹介。
特徴的な12色を感じ取る方法と、
色が持つ意味やパワーを伝えます！

# オーラとは？

最近、よく耳にするようになった、オーラ。
その真実をしっかりと学ぶことで、
あなたの人生はより豊かになります。

人間は誰でも輝く「オーラ」を放っています。特殊な才能に恵まれている人だけではなく、自分なりのオーラを皆持っているのです。オーラはとても奥深く、この一冊ですべてを語り尽くすことはできません。あくまでオーラを知る上での第一歩である入門書として捉えてください。

　オーラは大きく2種類に分けられます。「霊体（スピリチュアル・ボディ）のオーラ」は人間の本質や人格を表します。もうひとつは「幽体（フィジカル・ボディ）のオーラ」。全身に沿って現れ、肉体の健康状態を表します。元気なときは暖色系で、調子の悪いときは寒色系の色みです。

「霊体のオーラ」は、赤は「情熱」、黄色は「愛嬌」のように色そのものがオーラの特徴を表し、持って生まれた人格、性格の傾向などがわかるのです。この本では、主に「霊体のオーラ」について解説します。特徴的な12色を中心に紹介していますが、実際は、それ以上にさまざまな色があります。また、人間は「オーラ・マーキング」といって、周囲の人と影響を与え合い、補い合いながら生きています。自分のオーラカラーが青だったら、赤のオーラを持つ人とふれあうことで自分にない「情熱」を学ぶなど、多くの人と交流することは、人間力を高める上でも大切です。

## あなたのオーラの数は、感動と経験のスタンプ。

人格や内面を表す「霊体のオーラ」は、頭頂付近に現れるオーラで、その人の個性そのものを表しています。この本では、「霊体のオーラ」の中で、本質的な人格を表すものを「第1のオーラ」とし、感情や状況の影響を受けるものを「第2のオーラ」として便宜上分けて、説明しています。

まずは、目で見て感じるトレーニングやチャート（P.10～）を実践し、オーラに対する感覚を磨いてみましょう。「第1のオーラ」は生涯を通してあまり変化せず、本質的な部分を司っています。しかし、人生経験を積み、感性を磨くことで色数を増やしていくことはできます。この本で「第2

のオーラ」としているオーラは、〝たましいのサプリメント〟と考えるとわかりやすいかもしれません。例えば、自分が生来、「第1のオーラ」として「優柔不断」な一面を持つ黄色のオーラがあるのなら、赤のオーラを「第2のオーラ」として増やすと「行動力」も備わるでしょう。

　オーラとは、「経験と感動」のスタンプなのです。生まれ持ったオーラを輝かせるためにも、そして、さらなるオーラを身につけるためにも、喜怒哀楽すべての実践を積みましょう。そして、どんな経験も深く顧みることを習慣にし、〝レインボー・カラー〟に輝くオーラを目指しましょう。

# 自分のオーラを見よう！

４つのステップのトレーニングを行えば、
あなたが持つオーラを知ることができます！
まずは、「第１のオーラ」を感じましょう。

## Step 1 瞑想

オーラは感じて見るもの。
はじめに精神統一をしましょう。

イライラや考え事があるとオーラを正しく捉えることはできません。なるべく暗く静かな場所で、精神統一のメディテーションをしましょう。目を閉じ、深呼吸をしてから、「ふりたま」という鎮魂法を行います。「ふりたま」でネガティブなものをはらい、たましいが清められたようなイメージを描くことができたら、手を下ろして静かに瞑想に入りましょう。メディテーション前に入浴し、体から汚れたエクトプラズム（生体エネルギー）を吐き出しておくと、より効果的です。

## 「ふりたま」のやり方。

たましいを包むように手を重ね合わせます。水晶玉が身近にある場合は、手の中に入れるとよりイメージしやすいでしょう。「お清めください」と念じながら、両手をおへその前で玉を振るようにゆっくり動かします。心が静まるまで5分程度続けて。

# Step 2 幽体のオーラ

## 指先から始めて、手のひらへ、
## 少しずつ幽体のオーラに色みが…。

　まず、比較的感じやすい「幽体のオーラ」を捉えるトレーニングを行いましょう。最初は微かな光にしか見えないので、部屋を暗くし、他の光を排除してください。精神統一をして、まず、「幽体のオーラ」がもっとも出やすい指先から実践してみます。このとき目を凝らすのではなく、残像をぼんやり眺めるように見るのがコツです。最初は、緑のオーラなら「緑っぽい」微かな光が指先から感じられ、徐々に手のひらに広がる色として認識できるようになってくるでしょう。

## まずは指先で実践。

おへその前あたりで、指先をゆっくりとつけたり離したりします。何度か繰り返していると、指の間で糸を引くようにオーラの細い光が感じられるでしょう。

## さらに手のひらで確認。

次に両方の手のひらを合わせる形で行います。心を落ち着かせて、やはり手のひらをゆっくりとつけたり離したりしてください。慣れてくると、より強くオーラを捉えられるはずです。

# Step 3 霊体のオーラ

鏡を使って、じっくりと
霊体のオーラを感じ取ろう！

「幽体のオーラ」を感じるトレーニングを積むと、やがて「霊体のオーラ」も捉えやすくなります。まず、「第1のオーラ」に挑戦してみましょう。このオーラは頭頂付近に後光のように輝くので、暗くした部屋の鏡の前で確認してみてください。感性が鋭く、すぐに見える人もいれば、1か月、1年かかる人もいます。トレーニングは毎日の習慣にして続けましょう。オーラは自分で感じるのがベストですが、難しい場合は再確認の意味でもＳｔｅｐ４のチャートに進んでください。

## 最後は鏡でチェック。

心から雑念を追い払って鏡の前に立ってください。頭頂付近に「第１のオーラ」の光が現れます。このトレーニング次第では相手のオーラもわかるように。

# Step 4 チャート

あなたの「第1のオーラ」を
テストで確認しましょう。

START

ブッダより
キリストが好き

これは光に見える

右のキャンドルの
ほうが好き

せんべいより
まんじゅうが好き

あなたの一年間、涙より
溜め息が多かった

YES なら**紫**
P.24～25

NO なら**赤紫**
P.26～27

お酒とケーキなら
ケーキを選ぶ

YES なら**オレンジ**
P.32～33

NO なら**赤**
P.18～19

孤独より苦労の
ほうが好き

YES なら**金**
P.38～39

NO なら**銀**
P.40～41

YES → NO →

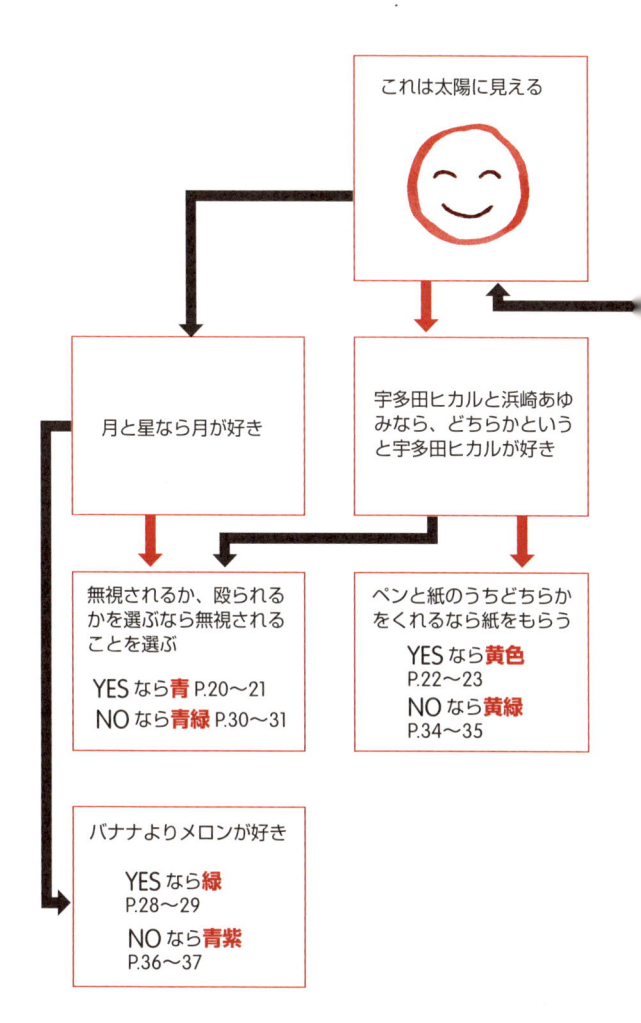

これは太陽に見える

月と星なら月が好き

宇多田ヒカルと浜崎あゆみなら、どちらかというと宇多田ヒカルが好き

無視されるか、殴られるかを選ぶなら無視されることを選ぶ

YES なら**青** P.20〜21
NO なら**青緑** P.30〜31

ペンと紙のうちどちらかをくれるなら紙をもらう

YES なら**黄色**
P.22〜23
NO なら**黄緑**
P.34〜35

バナナよりメロンが好き

YES なら**緑**
P.28〜29
NO なら**青紫**
P.36〜37

12色のオーラ FILE

前ページまででわかった、
「第1のオーラ」の
12色を順番に解説します！

# あなたの
# オーラカラーが
# 赤の場合

## 正義感とバイタリティ
## 溢れる熱血漢

## 刺激を求め、情熱で駆け抜ける。

オーラカラーが赤の人は、闘牛士のマントに象徴されるような「情熱」と「集中力」の持ち主です。大きなビジネスを成功へと導くパワーがあり、周囲の信頼を集める「指導力」を持っています。曲がったことを許さず、「正義感」も強いでしょう。一方、頭に浮かんだことをすぐ口にする「短気」な一面は災いのもと。軽いひと言が相手を傷つける場合も。自分の理屈を無理に押しつけると「勝手な人」と思われてしまいます。また、平凡を嫌い、いつも刺激を求めるため、広い行動範囲を持つでしょう。

### 赤のオーラキーワード

- 情熱
- 集中力
- 短気

**恋愛傾向**

**熱しやすく、冷めやすい。失恋すると無気力に。**

あなたは、スタートダッシュが得意な人。恋においても持ち前の「集中力」を発揮し、熱しやすくなるところがあります。ところが着火と同じくらい鎮火も早く、自分からあっさり別れを告げることも多いでしょう。もし振られると「情熱」の火が消えたように意気消沈し、何も手につかなくなる「燃え尽き症候群」の傾向もあるよう。ときには冷静さも必要です。一夜限りの恋に走りがちな点にも気をつけてください。

# あなたの
# オーラカラーが
# 青の場合

## 知性と高度な計算を
## 働かせる頭脳派

## 「冷静」の青はバランスが大切。

第一の特徴は「冷静」。そして度が過ぎるくらいの「まじめさ」があります。正確性を重んじられる経理や研究職に適しているでしょう。分析力、計算力が高く、道を踏み外す心配も少ないようです。しかし、青が強すぎると「ネガティブ」に囚われ、人生に楽しさを見いだせなくなることも。周りの盛り上がりに水を差し、「クール」を通り越して「冷たい人」と思われることもありそうです。青のオーラカラーの人は、赤の「情熱」や黄色の「ほがらかさ」なども、バランスよく持てるとよいでしょう。

### 青のオーラキーワード

- 冷静
- まじめ
- ネガティブ

### 恋愛傾向

**冒険を避け、無難な恋。言葉選びには気をつけて。**

盛り上がる前に気持ちをセーブするので、出会いがあっても発展しないことが多いようです。恋の駆け引きや冒険が苦手で、状況や相手の性格を分析して、成就しやすそうな相手を選ぶでしょう。ただ「まじめ」ゆえに恋人の欠点をストレートに指摘し、プライドを傷つけてしまうこともあります。言葉には温かみを持たせましょう。黄色、オレンジのオーラカラーを持つ人との交際が、あなたを「ネガティブ」から救ってくれます。

# あなたの
# オーラカラーが
# 黄色の場合

## 笑いと愛嬌を振りまく
## みんなのアイドル

## ユーモアのパワーで注目を集める。

「ほがらかさ」と「明るさ」を宿す華やかな黄色。その「アイドル性」に惹きつけられて、あなたの周りには多く人が集まります。社交に欠かせない「ユーモア」のパワーもすぐれ、人気をますます高めるでしょう。ところが同性からは、その人気ぶりが嫉妬の対象にされることもあるかもしれません。また、黄色オーラの特徴のひとつとして、他のオーラカラーの影響を受けやすいところがあります。他人の意見に流されてしまう「軽薄さ」、自分の主張を押し通せない「優柔不断」な面が黄色のウィークポイントでしょう。

### 黄色のオーラキーワード

- ほがらかさ
- ユーモア
- 優柔不断

### 恋愛傾向

**モテるけど誘惑にも弱く、浮気の傾向がありそう。**

黄色のオーラカラーの人と一緒にいると楽しい気分になれるので、あなたはきっと男女問わず友達が多いでしょう。恋においても、こだわりが少なく、前向きなところが。しかし甘い言葉に乗りやすく、騙されやすいところもあります。ムードに流されるままに浮気をし、本命に愛想を尽かされるというパターンに陥る可能性も。〝幸せ自慢〟をすると同性の反感を買いやすいので、おしゃべりはほどほどにしましょう。

# あなたの
# オーラカラーが
# 紫の場合

## 聡明で情感が豊かな
## 恋愛力ある人格者

## 人生経験に比例して深まるオーラ。

紫の「思慮深さ」は幸も不幸も経験してこそ培われ、年を重ねるほど色みを増すオーラカラーでしょう。「調和」の力がすぐれ、紫のオーラを持つ人は、学校や職場などのグループには欠かせないまとめ役です。「慎重さ」を働かせ、トラブルも未然に防ぐことができます。そして「優しさ」があり「情愛」が深く、豊かな人間関係に恵まれますが、ときにはそれが弱点に。情に流されて、相手を見抜けずに騙されるおそれもあるでしょう。紫の「同情心」は、ともすると利用されやすいので気をつけましょう。

### 紫のオーラキーワード

・思慮深さ
・調和
・情愛

**恋愛傾向**

### 恋愛の優等生でしょう。行動のムラには注意！

恋愛に関しては、出来すぎなくらいの優等生です。人を惹きつける魅力を持ちながら、冷静な観察力もあり、恋人に浮気の暇を与えません。「情愛」の深さから年下にも人気があります。ただ隙がなくて〝高嶺の花〟と思われるかも。また気分によって、恋人にべったり甘えたかと思うと、突然、冷たく振る舞うことも。そういった行動のムラが相手を夢中にさせるともいえますが、度が過ぎると呆れられてしまうので注意が必要です。

# あなたの
# オーラカラーが
# 赤紫の場合

## 面倒見が良くて情け深い
## 頼れるリーダー

## 責任感が強く、広い視野を持つ。

12色のオーラカラーの中には赤紫のように2色が融合したものがあります。赤の持つ「情熱」と紫の「優しさ」が混ざり合い、赤紫のオーラの持ち主は「情け深い」「責任感」のある人です。ビジネスでは抜群のリーダーシップを発揮します。融合色ならではの「バランス感覚」と「多面性」もあり、どんなタイプとも呼吸を合わせられる「世渡り上手」でしょう。ただ、周りに遠慮して本心を隠し、「他人行儀」と思われることも。気疲れが多く、ストレスも溜まりやすいので、発散法を身につけましょう。

### 赤紫のオーラキーワード

- 責任感
- 多面性
- 世渡り上手

**恋愛傾向**

### 穏やかな交際をするが、ストレスには要注意。

出会いの瞬間は赤のパワーで行動力を発揮し、勢いに相手も押され、燃え上がるような恋が始まるはず。やがて、紫の「優しさ」が顔を覗かせ、相手のペースを重んじる穏やかな交際に発展するでしょう。でも、恋人の顔色をうかがうばかりの関係に疲れることもあるよう。不満を溜め込み、赤の激しい「情熱」が暴れて突然大げんかを始めたり。恋人を尊重しながらも、ときには自分のペースで行動し、ストレスを溜めない工夫を。

# あなたの
# オーラカラーが
# 緑の場合

## 和みと安心感が漂う
## ほのぼの癒し系

## 素朴で控えめ、実直な道を行く。

植物の色である緑のオーラカラーが司るパワーは「癒し」。このオーラの持ち主は心に「安定性」があり、その人を通して周りにも和やかな雰囲気がもたらされます。また身の丈をよく知っていて、派手さを好まず、無欲です。「優しさ」から人の意見を尊重しますが、自分の主張を押し通す勇気はなかなか持てないようです。「平和主義」のために場を取り繕うことを優先し、どっちつかずの態度を非難されることも。安定した危なげない人生ではあるけれど、刺激が少ない、といえなくもないでしょう。

### 緑のオーラキーワード

・癒し
・安定
・平和主義

**恋愛傾向**

### 家庭的で結婚向き。飽きさせない工夫を！

出会ってすぐに相手が結婚を意識するような、「家庭的」な雰囲気を持つオーラです。恋愛の時期より、むしろ結婚してからのほうが自分らしさを出せるタイプでしょう。包容力のある「優しさ」で相手を包み込み、「安心感」を与えます。秩序を保つ能力があり、良き家庭人としての資質は十分。ただ、異性に「一緒にいても盛り上がらない」と思わせてしまう可能性が。恋を楽しみたいなら、ときには自分で刺激を演出して。

# あなたの
# オーラカラーが
# 青緑の場合

## 情と優しさを隠し持つ
## シャイな慎重派

## 誠実だが、度胸も身につけて！

青と緑のオーラカラーの特徴をあわせ持ち、物事を「慎重」に受け止め、平和的な解決法を見いだすパワーを備えています。「誠実」「まじめ」で、秩序が乱されることを嫌うでしょう。礼儀を大切にし、伝統を重んじる一面もあります。このオーラを宿す人はどちらかというと単独行動を好みますが、それは自分に関係ないことは静観するタイプ、ともいえます。仕事とプライベートをきっちり分けるため、同僚には「ドライ」と受け止められる場合が。「慎重」すぎて、大きなチャンスを逃さないように気をつけて。

### 青緑のオーラキーワード

- 誠実
- まじめ
- ドライ

### 恋愛傾向

#### 恋人選びは時間をかけ、修羅場では逃げ腰に。

理性を重んじるので、恋愛初期のきっかけをつかみにくいようです。時間をかけてコミュニケーションを図り、友人から恋人へ発展させるタイプでしょう。また、家庭的な面もあわせ持っています。公私を分けられるので仕事と結婚生活を両立できるでしょう。ただ、喜怒哀楽を表に出さないので、相手に「愛されていないのでは」という不安を抱かせるかもしれません。波乱が苦手で、ライバルが出現するとあっさり身を引くことも。

# あなたの
# オーラカラーが
# オレンジ
# の場合

## 自然体でほがらかな
## 親しみやすい人気者

## 底抜けの明るさで盛り上げ役に。

太陽のように輝くオレンジは「陽気」のシンボル。誰とでもすぐに打ち解けられる「人懐っこさ」、風体を気にしない「ナチュラルさ」も魅力です。存在するだけで場が明るくなる「華やかさ」は最大の特徴で、オレンジのオーラに恵まれた女性は抜群にモテるタイプでしょう。「おっちょこちょい」で思慮深さに欠ける点が仕事面には響くかもしれませんが、オレンジには「早合点」をカバーするだけのサービス精神があります。それを活かして、グループの士気を高めるムードメーカーの役割に徹しましょう。

### オレンジのオーラキーワード

- 陽気
- 人懐っこさ
- おっちょこちょい

### 恋愛傾向

**積極的に恋を仕掛けて、別れ際もマイペース。**

初対面のインパクトが強い人です。女性なら「大胆さ」と「愛嬌」で男性を虜にします。どちらかというと告白する側で、振られた経験は少ないでしょう。たとえ失恋しても武勇伝として誇らしげに語る、立ち直りの早いタイプ。スリリングな展開の恋愛を好むので、モテるのに独身を貫く人も多いようです。また別れると決めたら早めに切り出し、恋人を驚かせます。相手のことも考えて、恋の締めくくりはなるべく穏やかに。

# あなたの
# オーラカラーが
# 黄緑の場合

## 笑顔と明るさが
## 魅力のもり立て役

## 意志の弱さは愛嬌でカバー。

黄色の「ユーモア」、緑の「癒し」の融合色です。黄緑のオーラカラーの特徴は「ほがらか」で「のんびり」。年齢、性別を問わず多くの人に親しんでもらえる「愛嬌」があります。しかし、強い個性を発揮できないため「平均的」というイメージを持たれやすいでしょう。競争社会に加わろうとしない「意志薄弱」な面もあり、ビジネスにおいては努力が必要かもしれません。持ち前の「愛嬌」でサポートを得て、乗り切ることはできます。また緊迫したシーンでは程よく「明るさ」をもたらし、重宝されるでしょう。

### 黄緑のオーラキーワード

- ほがらか
- のんびり
- 意志薄弱

### 恋愛傾向

**健気に尽くす人。ただ、マンネリには気をつけて。**

恋人をもり立てるのが上手で、健気に尽くすタイプ。短い恋愛期間で、結婚する人もいそう。ウィークポイントは「平均的」なところ。個性がなさすぎると恋人は刺激を求めて離れていく可能性も。長く交際して別れを迎える「長すぎた春」にならないように工夫して。また、友達の誘いを断りきれず、恋人とのデートをおざなりにしてしまうこともありがちです。失恋すると臆病になり、次の恋に進めなくなることも。

# あなたの
# オーラカラーが
# **青紫**の場合

## 慎重で素直になれない
## 恥ずかしがり屋

## シャイな表情の裏に情がある。

ベースにある紫の「優しさ」に「冷静」の青が入っています。溢れる「情愛」を持ちながら、「用心深さ」からそれを封印している面があるのです。あるいは「優しさ」と「冷たさ」が交互に現れ、二面性のあるオーラともいえるでしょう。青紫のオーラカラーを持つ人は本来は「お人好し」なのですが、「現実主義」の面が勝り、初対面ではめったに心を開きません。青の影響で無表情になりがちなため「冷酷」なイメージを持たれますが、じつは「シャイ」なだけ。深い友人関係を築くには時間がかかるかもしれません。

### 青紫のオーラキーワード

- 用心深さ
- 現実主義
- シャイ

**恋愛傾向**

### 態度の違いに恋人は驚く。「尽くしすぎ」は控えめに。

恋の初期段階ではやわらかい物腰で振る舞うけれど、しだいに青の「冷酷さ」が表に出てくると、相手の混乱を招くかもしれません。時間をかけて交際すれば、青紫の「情け深さ」を理解してもらえるはずです。ただし、「世話好き」の面が度を越して、〝尽くしすぎ〟で終わらないよう気をつけましょう。一方で、友人の愚痴に付き合うと冷静に現実を見てしまい、自分の恋すら面倒になりかねません。恋愛相談に乗るのはほどほどに。

# あなたの
# オーラカラーが
# 金の場合

## 叡智と発想力に
## 恵まれたアーティスト

## 天才肌で感性が鋭い、稀有な存在。

金のオーラカラーを持つのはまれな人です。徳の高い聖人、偉人、アーティストにふさわしい「発想力」と「感性」があります。このオーラは深い人生経験の上に成り立つので今後も失敗や困難を恐れず、あらゆることにチャレンジしてください。偏見や執着を持つと「叡智」の力が弱くなるので気をつけましょう。ただし「誇り高く」、協調性を欠く点は要注意です。世間に左右されない金の普遍性は「頑固さ」でもあり、「変わり者」として遠ざけられてしまうことも。ときには自分から歩み寄ることも必要です。

### 金のオーラキーワード

・叡智
・発想力
・誇り高い

**恋愛傾向**

### 傾倒する人も続出、尊重できる相手を選んで。

オーラカラーが金の人は、俗世を離れた「崇高さ」が異性にとっては「近寄りがたい」と映ります。あなたも恋愛に執着が少なく、自分から出会いを探すことはなさそう。しかし黙っていても目立つので、金の輝きに魅せられた信奉者が名乗り出てくるでしょう。あるいは「感性」を高め合える同じ金のオーラカラーの持ち主と恋に落ちるかもしれません。ただ、恋をしてもマイペースを崩さないので、すれ違いは多くなる可能性も。

# あなたの
# オーラカラーが
# 銀の場合

## 独自の世界を
## 掘り下げる孤高の人

## 趣味に生きる、職人気質の一面も。

鉱物の輝きを持つ銀のオーラカラーには変わらない「一途さ」「頑固さ」があります。信念を持ち、簡単に主張を曲げません。「知的」で好奇心が強く、自分の道を見つけたらとことん追究するでしょう。趣味のコレクションに夢中になる人や、自然の中でひっそりと暮らす人などが多いようです。しかも、そのスタイルを生涯貫くため、究極の「こだわり」人間といえます。そして「孤独」と「静寂」を愛し、プライドが高いので、自分からは存在をアピールしません。周りの理解を得るのはなかなか難しいかもしれません。

### 銀のオーラキーワード

- こだわり
- 知的
- 孤独

### 恋愛傾向

**恋より他に興味があり。**
**自分に似た人を探して。**

自分の世界にこもりがちで、恋人は寂しさを感じるかもしれません。あなたも決めた道を究めることに忙しく、去る者は追わずで、恋の回数は多いほうではないでしょう。また恋する気力が湧かず、悩むこともあるのではありませんか。しかし趣味や世界観を共有できる同じタイプの人と出会えたら、絆が固く結ばれ、お互いに刺激し合っていけるでしょう。「審美眼」がすぐれているので、相手をよく見極めることができるはずです。

オーラコラム❶

# オーラの歴史

**昔の人にとって、オーラは身近だった。
現代人はもっと本来の感性を磨くべき。**

「オーラなんて見えない」という人がいるかもしれません。でも昔はオーラが見える人はたくさんいたのです。ルネッサンス絵画や日本の宗教画では、聖人の頭頂付近に「徳の高さ」を表す金のオーラの輪が描かれています。彫刻のお不動様の後ろにある炎は魔に対する「怒り」の赤いオーラです。かつて人間は、動物と同じようにインスピレーションを大切にして生きていました。ところが現代はデジタル機器が増え、情報や刺激が溢れ、人間の感性が鈍くなっているのです。たまには自然に触れたり瞑想をすることで感性を研ぎ澄ませ、オーラを感じる力を取り戻しましょう。

# 2

# 第2のオーラ Check!

出会いのオーラ、ユーモアのオーラ、
ほめ上手のオーラ、結婚のオーラ…。
今のあなたには「第 2 のオーラ」が
何色あるのかをこの章で導きます。
巻末付録を脇に、いざスタート。

# オーラCheck! をしてみよう

「第 2 のオーラ」は本来は簡単に
導き出せるものではありませんが、
今回は特別にチェック形式で調べましょう！

この第2章では、今のあなたの心境や状況から影響を受けるオーラについて取り上げます。この本ではわかりやすいように「第2のオーラ」と呼びますが、スピリチュアリズムに基づく呼称ではありません。ここでは全部で23種類のテーマを紹介しています。折に触れてチェックし、磨くべき部分を学んでください。

あなたが現在強く持っているオーラを把握したら、巻末付録「オーラカルテ」に自分なりの色を塗ってください。ぜひ、さまざまな色を持つ〝レインボー・オーラ〟の人を目指しましょう。

# 巻末付録「オーラカルテ」の使い方

**用意するもの**　鉛筆、オーラカラー 12 色の画材(色鉛筆、絵の具、クレヨンなど、あなたの好きなもの)

①はじめにP. 10 〜の「自分のオーラを見よう！」で判明した、「第1のオーラ」の色を、人物イラストの周囲全体に塗ってください。

②心を落ち着かせ、次ページからの各チェックリストに答えていき、それぞれのオーラごとの強弱を確かめます。

③「強」と出たオーラカラーを塗りましょう。塗り方は場所も色合いも自由です。あなたが感じた場所に好きなように塗ってください。そのオーラカラーがどのあたりから出ているかを自分自身でイメージします。複数のカラーを持つオーラの場合も、一色ずつ感じ取り、「輪」が出ている場合も、どの部分にどんな大きさで出ているのか各自でイメージしてから塗りましょう。

④ 23 の「オーラCheck！」を行った後、「オーラカルテ」全体を見てください。 12 色あるオーラカラーの足りない色がある場合は、その色の要素を積極的に身につけるように心がけて。その際の参考にしたいのは、P. 18 〜 41 の「12 色のオーラFILE」の各色のオーラキーワード。「オーラカルテ」は目につく場所に置き、足りない色への意識を持つようにしましょう。

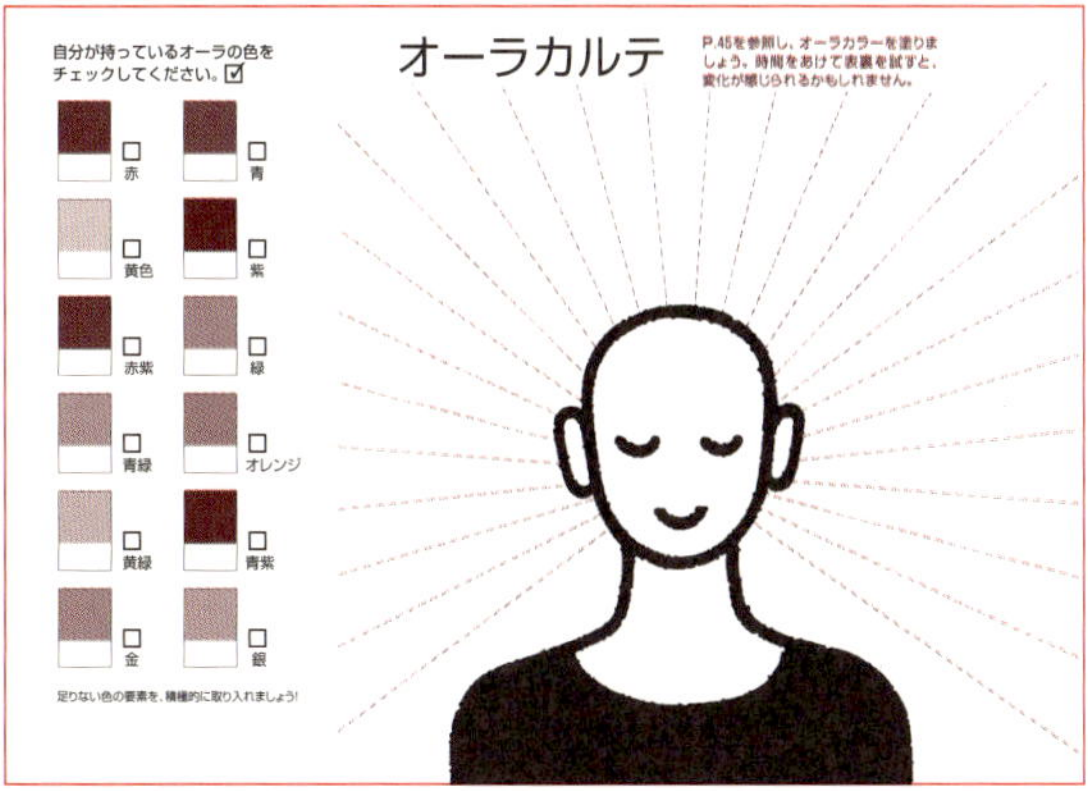

23のオーラ Check!
第２のオーラの強弱がわかる、
チェックテストのスタート。
あなたはいくつ持っている!?

# [出会い]のオーラ

## 新しい恋をつかむには、**オレンジ**のオーラを輝かせて。

人間が持つオーラカラーの基本は12色。その中で「出会い」のパワーを持つ色はオレンジ。恋のきっかけになる「出会い」が多いか少ないかは誰にとっても気になることですが、どういうふうに縁を結ぶかはあなた次第。恋愛面に強い力を発揮するオレンジのオーラを学び、味方につけましょう。

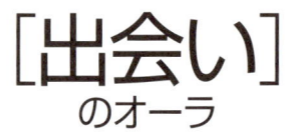

## チェックリスト

下のリストで、今の自分にあてはまる項目をチェックしましょう。チェックの数で現在のあなたの「出会いのオーラ」の強弱がわかります。

- □ 写真に撮られるのが好き。
- □ とくに趣味はない。
- □ 買い物が好き。
- □ 過ぎた恋は忘れる。
- □ 柑橘系の香りが好き。
- □ 一目惚れの経験あり。
- □ 勘は鋭いほうだと思う。
- □ 休日は必ず外出する。
- □ 友達がたくさんいる。
- □ 明るい色の服が多い。

5個以上の人 強　　4個以下の人 弱

## 出会いのオーラが
# 強い人

## 恵まれた"恋愛上手"の個性を活かすために人間力を高めて！

オレンジのオーラカラーを持つ人は、明るく、交友関係が広いため、出会いのチャンスにも恵まれています。異性に対しての注文が少なく、柔軟に対応できてキャパシティが広いことも「出会い」の機会が増える理由のひとつでしょう。

　とはいえ鮮明なインパクトを与える人間的な魅力がなければ、せっかくの出会いも実を結びません。あなたの長所を活かすためにも、人間力をより高めるためのイメージトレーニングを始めましょう。

「なりたい自分」をいつも頭に描き、その姿に近づく努力を。それが自信につながり、出会いの瞬間に相手を魅了する最大限のパワーが発揮されるでしょう。また、オレンジ色の服やネックレスを身につけると、相手に明るい印象を与える効果も。

　出会いはすぐそこまで迫っているかもしれません。せっかくの機会を無駄にしないためにも、自分らしさを大切にしながら、よりあなたの魅力を高めましょう。

## 出会いのオーラが弱い人

### 慎重さが出会いを減らすことも。楽しい恋をイメージしよう。

「出会い」のオーラはやや弱いようです。青のオーラに包まれた「冷静」なタイプで、出会いが訪れても慎重すぎてチャンスを逃してしまいがちです。終わった恋愛を引きずって、そのために腰が重くなっているのかもしれません。過去の人間関係の失敗がトラウマになり、恋愛にもマイナスイメージを抱いているのかもしれません。

オーラが弱い人にもイメージトレーニングは欠かせません。「どうせまた失敗する」「騙されているかもしれない」という悲観的な考えは払拭し、「恋をして楽しい自分」を想像してみましょう。現状に甘んじていてはいけません。恋にはつねに前向きでいることを心がけましょう。基本的には本人の努力がいちばん大切ですが、いい恋愛をしている人と接することはオーラ・マーキングになります。自分にも相手の目にも入りやすいバッグなどの小物をオレンジ色にするなどして、日頃から色を意識するといいでしょう。

# ［癒し］のオーラ

## アースカラーの緑オーラは「癒し」をもたらすのが役目。

和やかな雰囲気を漂わせる「癒し」の人は、植物と同じようなヒーリングエナジーを漂わせています。このオーラを持っている人は、そこにいるだけで場を和ませ、周囲に「癒し」をもたらすことが役目となりそうです。残念ながら「癒し」のオーラが弱い人は、緑のパワーにあやかる方法を知りましょう。

## チェックリスト

下のリストで、今の自分にあてはまる項目をチェックしましょう。チェックの数で現在のあなたの「癒しのオーラ」の強弱がわかります。

- □ 人混みが苦手。
- □ お茶が好き。
- □ ライバル視する人はいない。
- □ アルバムをよく見る。
- □ ストレスを感じない。
- □ しゃべり下手である。
- □ 歩くのが遅い。
- □ ときどきお弁当を作る。
- □ 原色の服は着ない。
- □ あまり喧嘩はしない。

5個以上の人 強　　4個以下の人 弱

# 癒しのオーラが **強**い人

## 緑のオーラに優しく包まれた、平和を愛する〝癒し系〟の人。

森や山が私たちに安らぎをもたらすように、緑色こそが「癒し」の力を司るオーラカラーです。このオーラに恵まれた人は〝癒し系〟と呼ばれるような穏やかで優しい性格で、人々を和ませることができます。競争を好まず、マイペースで、職場ではいわゆる〝縁の下の力持ち〟のタイプです。人のためになるような仕事に、目立たないながらもコツコツと打ち込むでしょう。結婚後は、夫を支える妻、あるいは家庭を大事にする夫となる人も多いようです。

緑オーラの「平和」の力によって穏やかな人生になりますが、「平坦」ともいえなくはありません。また、周囲には「押しの弱い人」と映る場合も。聞き上手であるがゆえに、場面によっては「自己主張が足りない」と捉えられてしまうのです。しかし、「癒し」のオーラには、幸も不幸も動じずに受け止めるおおらかさがあります。周囲の声に影響されて信念が揺らぐ心配はないでしょう。

## 癒しのオーラが 弱い人

### 「癒し」を真似るのではなく、緑のオーラの個性を学んで。

「癒し」を象徴する緑のオーラカラーは天性のもので、急に持とうと思って持てるものではありません。例えば「情熱」の赤のオーラの人が「癒し」の緑を持とうと、無理に頑張っても、かえってストレスになってしまう可能性も。

そんなときは、緑のオーラの持ち主から、力を借りることは可能です。積極的に交流したり、話を聞いてもらうことで「癒し」を得られるのです。緑オーラの人も安らぎを与えることを望んでいますから、喜んで引き受けてくれるでしょう。波瀾万丈な人生を歩んでいる人は、とくに「癒し」オーラの人と親交を持つことをおすすめします。緑の「優しさ」や「穏やかさ」に触れ、ふと足を休めれば、その先の人生をゆっくり考える余裕を持つことができるでしょう。

また、その他にも「癒し」の力を取り入れる方法が。部屋に観葉植物を置いたり、ゆっくりお茶を飲むと、「癒し」や「優しさ」にあやかることもできます。

# ［責任感］のオーラ

## 頼れる**赤紫**の「責任感」。でも頑張りすぎに注意を。

仕事、プライベートで責任を持つのは、とても大切なこと。そんな赤紫の「責任感」のオーラを宿す人は、いつもみんなの先頭に立ち、責任をまっとうしようとする力強いパワーがあります。多くの人に期待されるオーラの持ち主ですが、ときには張りきりすぎてしまうので注意しましょう。

## チェックリスト

下のリストで、今の自分にあてはまる項目をチェックしましょう。チェックの数で現在のあなたの「責任感のオーラ」の強弱がわかります。

- □ レシートは必ずもらう。
- □ 恋人の年齢にはこだわらない。
- □ ときどき食欲がない。
- □ 人の披露宴で泣く。
- □ 猫より犬が好き。
- □ 旅行土産を選ぶのが好き。
- □ よく合コンを企画する。
- □ 休日出勤が多い。
- □ 容姿に自信がない。
- □ 急な誘いも大歓迎。

5個以上の人 強　　4個以下の人 弱

## **責任感**のオーラが

# 強い人

**頼まれると張りきる働き者。
チームワークを築くことも大切。**

「責任感」のオーラカラーは赤紫。赤の「情熱」や「行動力」と、紫の「調和」や「優しさ」が混ざり合っています。このオーラが強いあなたは、責任感を持って物事にあたる人でしょう。ただ、仕事や人間関係において、プレッシャーを感じやすい傾向もあります。

　でも、それは世間に押しつけられた重圧ではありません。あなたは集団の中心的役割をこなすことにむしろやりがいを感じているはず。また、「情熱」でリードしながら、仲間への「気配り」も忘れないでしょう。そんなあなたを周囲も認め、一目置いているようです。一方、頼まれると嫌とは言えない不器用な面もありそうです。仕事を抱えてストレスや疲労が溜まり、やがて失敗の原因につながる可能性も。そんなときに極端に落ち込んでしまうのも「責任感」の持ち主ゆえ。すべてひとりでこなそうとせず、ときには「甘え上手」になり、周囲の助けを借りてチームワークを築きましょう。

## **責任感**のオーラが
# 弱 い人

## 目標を定め、諦めずに進むこと。それが、人間力アップにつながる。

今はなんとなく元気がなかったり、仕事や勉強にも熱意を感じられない時期なのかもしれません。そんなときこそ、「責任感」を持つことが大切です。まず、今のあなたの心の奥に潜んでいる、前向きになれない原因を探ることから始めてください。「面倒くさい」という怠惰な気持ちはありませんか？　大きな挫折を経験して「どうせ私は何もできない」と虚無感に囚われていませんか。そんなネガティブな思考が「責任感」のオーラを弱めているのかも。

「責任感」のオーラを高めるには〝諦めない〟気持ちが大切です。「本を一冊読む」など、どんなことでもかまわないので、自分なりの目標を立てて最後までやり通してみましょう。小さな達成を積み重ねていくことで、「責任感」が少しずつ増すはずです。そうした経験を積むことによって磨かれると、エネルギッシュな魅力が増し、仕事だけでなくプライベートも充実してくるでしょう。

# ［愛情］
# のオーラ

## 最高の恋をもたらす、
## 「愛情」オーラは**紫**に**赤の輪**。

「好きな人に愛されたい」とは誰もが願うことだけど、なかなか簡単にはいかないのが恋愛です。恋をしているときは「愛情」のオーラに満ちています。「優しさ」「情愛」の象徴である紫に「情熱」の赤いオーラの輪がかかるという組み合わせになります。愛されるだけでなく「愛する」力も強いといえます。

## チェックリスト

下のリストで、今の自分にあてはまる項目をチェックしましょう。チェックの数で現在のあなたの「愛情のオーラ」の強弱がわかります。

- □ メールが来ないと不安。
- □ 欲しいものがいっぱい！
- □ 験をかつぐタイプ。
- □ 思い立ったら即行動！
- □ 家族と仲が悪い。
- □ 人見知りをする。
- □ 仕事がうまくいかない。
- □ なんとなく疲れている。
- □ お小遣いをもらっている。
- □ 重い荷物は持たない。

4個以下の人 強　　5個以上の人 弱

## 愛情のオーラが
# 強い人

### 能動的な「愛情」によって、深い関係を築けるでしょう。

「愛情」は見返りを求めるものではありません。そして「愛情」というものは人生経験の豊富さに比例します。経験を重ねるほど「自分より他者を愛する」ように変化していくのです。その湧き出る「愛情」が、「情愛」を象徴する紫のオーラカラーの上に、赤い輪となって現れています。あなたは今、「愛情」を与えることに喜びを感じているはずです。恋人だけとはいわず、家族や友人、見ず知らずの他人に対しても優しさを示すことができるでしょう。そういったときは不思議とひとりきりの時間を寂しいとは感じないものです。恋人とも良い距離感を持った付き合い方ができます。会えない時間もお互いを高め合うことができるので、一緒になったときに「愛情」はより深まるでしょう。

　また「愛情」のオーラが強い人は、片思い中でも十分パワーを発揮できます。玉砕を恐れない勇気が湧き、相手に堂々と想いを告げることができるでしょう。

## 愛情のオーラが**弱**い人

# 相手に求めてばかりでは、本当の「愛情」を得られません。

若いときは誰しもそうであるかもしれませんが、私たちはつい「愛情」を「与えられて当然」のものと考えてしまいます。毎日デートをしたり、たくさん電話やメールをもらうことが「愛情」の証のように思ってしまうのです。

「愛情」のオーラが弱い理由は、与えられることを望むところにあります。しかし、愛を要求するだけの受け身の姿勢では、人を愛することはできません。また愛することができない人は、真に愛されることもないのです。カラータイプでいうと、誘いを待ってばかりの「意志薄弱」な面は黄色、そして「冷静さ」が強すぎて恋に対して臆病で、アクションを起こせない青。この2つのオーラカラーを持つ人は、とくに努力が必要かもしれません。具体的には甘えない自立した人間になることです。自分がどんな人間であるかをよく内観し、人生経験を積みましょう。人間的成長を遂げれば、真の意味での「愛情」オーラが持てるのです。

# ［知性］
# のオーラ

## 青のオーラが海のように
## 深い探究心をもたらす。

「知性」をもたらすオーラカラーは青です。表情やちょっとした言葉遣いにインテリジェンスを感じられるような人は、美しく輝く青のオーラを持っているはず。オーラ診断で自分の「知性」の強弱を知って、青のオーラの意味や活かし方を会得しましょう。その探究心こそが、青のオーラを高める第一歩です。

## チェックリスト

下のリストで、今の自分にあてはまる項目をチェックしましょう。チェックの数で現在のあなたの「知性のオーラ」の強弱がわかります。

- □ 毎日、熟睡できている。
- □ メールしない日がある。
- □ 衝動買いはしない。
- □ 習い事をしている。
- □ 旅するなら山より海へ。
- □ 転職を考えている。
- □ 車の運転が好き。
- □ 友人とつるまない。
- □ 読みかけの本がある。
- □ ひとりの時間が好き。

5個以上の人 強　　4個以下の人 弱

## **知性**のオーラが

# 強い人

## 新しい世界に飛び込むチャンス！
## 人との交流も「学び」です。

空のように澄み、海のように深い青の輝き。それはあなたが放つ「知性」のオーラです。最近、読書に夢中になっていたり、経済や社会情勢に関心を高めていませんか？ それは、今まさに知的探究心が刺激されているからでしょう。ですから、新しい知識を蓄え、自己を向上させる絶好の機会なのです。この時期にこそ、転職や、語学などの習い事にチャレンジしてください。その経験がきっと将来への糧となり、大きくステップアップできるでしょう。

周囲の目にも、あなたは知性が溢れる人物として映っているはず。とくに職場や新しい学習の場で、あなたのオーラが人々を魅了するでしょう。「知性」のオーラが高まっているときは冷静さが増すため、人間関係に対しても慎重になりがちです。しかし、私たちの人生において「人との交流」こそが最高の「学び」なのです。積極的に輪を広げ、知識を高め合えるような信頼関係を持ちましょう。

## **知性**のオーラが

# 弱い人

## 集中力や向上心を欠いています。
## 自分と向き合う時間を持って。

青の「知性」のオーラは向上心や集中力を司るので、オーラが弱いと何事も落ち着いて取り組むことができません。パワーがダウンしている今のあなたは、仕事で空回りしたり失敗することが多いのではないでしょうか。

「知性」のオーラが弱いときは、誘惑に負けやすいことも。最近、誘われるまま遊び回っていませんか? ひとりの時間が少ないと、「今、何をすべきか」をみずからに問う余裕がありません。「知性」のオーラは内観することで磨かれるので、自分自身と対話する静かな時を持ちましょう。たまには、誰にも電話やメールをしない一日があってもいいはずです。また、睡眠は日中に得た知識や情報を整理する大切なひとときなので、良質な睡眠のために規則正しい生活を心がけてください。

知力を蓄えることが人間力を養います。「知性」のオーラを強め、つねに学びながら進化する魅力的な人を目指しましょう。

# ［転機］のオーラ

## **金の輪**が現れたとき、新しい世界が始まります。

　それぞれの人間が持つ12色のオーラカラーの上に「叡智」と「インスピレーション」を意味する金色のオーラの輪が現れたとき、やがて「転機」が訪れるでしょう。人生の「転機」が近づくと、さまざまな兆候があるものです。そのときを前にして、どんな変化が訪れるのか、ぜひ覚えておきましょう。

## チェックリスト

下のリストで、今の自分にあてはまる項目をチェックしましょう。チェックの数で現在のあなたの「転機のオーラ」の強弱がわかります。

- □ よく眠れている。
- □ 人の話が沁み入る。
- □ 体調がいい。
- □ ひらめきが冴えている。
- □ 食欲がある。
- □ 懐かしい人と遭遇した。
- □ 何かを勉強中である。
- □ 読書がよく進む。
- □ 落とし物を拾った。
- □ 夢をたくさん見る。

5個以上の人 強　　4個以下の人 弱

転機のオーラが

# 強い人

## 「転機」は目前に迫っています。逃さないように誠実に過ごして！

「転機」のオーラは金の輪として現れます。「叡智」と「感性」に溢れ、インスピレーションが湧いている証であり、「転機」は程なく訪れるかもしれません。

私たちは、節目を迎える時期、よく眠れるようになり、夢をたくさん見ます。また、食欲も旺盛です。知識欲が増し読書をしたくなったり、人との交流も活発になるでしょう。そのような行動力によってたくさんの情報を得ることで、変化へと向かうエネルギーがますます満たされていくのです。

チェック数が8個以上あった人は、今まさに「転機」を迎えている可能性が。新しいことを始めるには絶好のタイミングですから、積極的に物事に向かい、挑戦するように心がけてください。5～7個の人は計画中の物事があれば、そろそろ本腰を入れてはいかがでしょうか。「転機」を活かせるかどうかは日頃の努力にかかっています。情報収集や資格取得の勉強などを怠らないようにしましょう。

# 転機のオーラが 弱い人

## 平穏な状態です。転機を望むなら計画性を持って勉強しましょう。

「転機」の訪れを意味する金色の輪は、まだ現れていないようです。今まで通りの平穏な日々を望んでいるのなら、かまいません。しかし、もし現在の生活に物足りなさを感じて「転機」を求めているのなら、あなた自身に改めるべきポイントがいくつかあります。

「転機」のオーラである金の輪は、インスピレーションや勘が冴えているときに現れるもの。しかし、まったく意識を向けていない物事に対しては、勘は働きません。つまり、受け身で、ただ漠然と日々を送っているだけではいけない、ということなのです。毎日の生活を見直すだけでなく、今後の人生の計画もきちんと立てましょう。具体的であるほど、いざ「転機」が訪れたときに変化が表れます。そして、つねに勉強や情報収集に励みましょう。新しい世界に踏み出すときに知識がなければ、チャンスを活かしきれません。飛躍するためには体力も欠かせないので、体調管理にも気を配ってください。

# ［ほめ上手］のオーラ

## あなたが持つオーラカラーに、**黄緑**を補って「ほめ上手」に！

ほめられて悪い気分になる人はいません。それだけに「ほめ上手」な人は、周囲から〝好印象の人〟と思われているでしょう。「ほめ上手」の黄緑のオーラカラーは「謙虚」が特徴なので、野心を持つのもほどほどに。また反対に、黄緑のオーラに染まりすぎるのも、注意すべき点があります。

## チェックリスト

下のリストで、今の自分にあてはまる項目をチェックしましょう。チェックの数で現在のあなたの「ほめ上手のオーラ」の強弱がわかります。

- □ 広い部屋は好まない。
- □ ノーと言うのが苦手。
- □ 尊敬する友人がいる。
- □ お笑いが好き。
- □ 理想の異性像は親。
- □ 同じ財布を長く使っている。
- □ 正月は家族で過ごす。
- □ 買い物は駅ビル中心。
- □ 人の顔を忘れない。
- □ 格言に心を打たれる。

5個以上の人 強　　4個以下の人 弱

## **ほめ上手**のオーラが
# 強い人

### 素直な感動が「ほめ上手」に。一方で自信のなさも見え隠れ。

ほめ言葉には、真実が込められていなければ相手の心には響きません。「謙虚」と「素直」が特徴の黄緑オーラの持ち主が発する言霊だからこそ、「ほめ上手」のパワーが発揮されます。

「謙虚」な黄緑オーラを持つ人は「周囲の人々のすぐれた面」を客観的に見ているため、「素直」な感嘆としてほめ言葉が出てくるのです。また、「ほめ上手」のオーラに欠かせないのは情報収集力。よく観察し、人の特徴や好みを把握しているからこそ、的確なほめ言葉が見つかるのでしょう。

一方で「ほめ上手」のオーラは、黄緑の「自信のなさ」と表裏一体です。つねに拭えない「劣等感」があり、自分を過小評価するため小さな枠に収まりがちです。そんな控えめな面につけ込んで、居丈高な態度をとったり、嫌な仕事を押しつける人物が現れるおそれもあります。自分の長所を見つけ、活かすことで自信を得て、立ち向かう強さを身につけてください。

## ほめ上手のオーラが

# 弱い人

## 驕った考えや邪心は控えよう。黄緑は〝補色〟のオーラと考えて。

「ほめ上手」の人は、人に自信を持たせてあげることができる、という一面もあります。誰からも感謝されるので、人間的な魅力を高めるためには強化しておきたいオーラといえるでしょう。

「誰にも負けたくない」と自分を奮い立たせる気持ちは大切です。しかし、それを無理に通せば強欲に変わり反発を招くことも。相手のすぐれた点を認めることは決して「負け」ではなく、むしろ許容といえるかもしれません。驕った考えや、他人を蹴落とそうとする邪心は「ほめ上手」のオーラを弱めるので控えましょう。

しかし、黄緑オーラにだけ染まってしまうと「謙虚」を通り越して「自信喪失」の状態に陥る可能性もあります。また他人のことばかりをうらやんでいて、主体性のない「ミーハーな人」とも思われかねません。「ほめ上手」のオーラは、今あなたが持っている他のオーラにさらにプラスさせていく〝補色〟のオーラと考えましょう。

# ［金運］のオーラ

## 赤の「情熱」と「行動力」が「お金」との縁を作ることも。

　自分の「金運」が気になる…という人も多いかもしれません。赤の「情熱」と「行動力」を持ち、努力のできる人ほどお金と縁ができやすいとはいえますが、度を越してしまうと「物質主義」につながります。不必要に、お金が欲しいと欲を出したり、こだわりや執着を持ちすぎるのがいちばんいけません。

## チェックリスト

下のリストで、今の自分にあてはまる項目をチェックしましょう。チェックの数で現在のあなたの「金運のオーラ」の強弱がわかります。

- □ 負けず嫌い。
- □ 身だしなみに手を抜かない。
- □ じつは恨み深い。
- □ 芸能人に会ってみたい。
- □ 略奪愛に燃える！
- □ ダイエットはしていない。
- □ 体力には自信がある。
- □ バーゲンが待ち遠しい。
- □ 人脈作りが得意。
- □ 試供品は必ずもらう。

6個以上の人 強　　5個以下の人 弱

## 金運のオーラが 強い人

## 一直線に進む頑張り屋です。でも「念力」はほどほどに。

チェックの数が多い人ほど、「お金」との縁やこだわりが強いよう。また、自分の人生における目的意識をしっかり持っているのでしょう。「行動力」を象徴する赤のオーラの影響で、目標到達に向けて一直線に進んでいくことができます。そして無駄を嫌い、節約、やり繰り上手。例えば、試供品やカードのポイント制度を有効的に利用できるタイプでしょう。

赤のオーラはこの世を渡っていく能力としても現れています。

「念力」が強く、欲しいものを手に入れるための努力を嫌いません。しかし残念ながら、現世的な目的を持った念力が強いほど、人間としての気品は薄らぎやすいもの。「金運」のオーラが強い人ほど、品性を大切にし、「呑んでも呑まれるな」の精神を持ちましょう。

私たちの人生は、お金があれば幸福なのではなく、経験こそが宝。何もかもを求めるのではなく、身の丈に合った範囲での収入や資産運用をする堅実さも必要です。

## 金運のオーラが 弱い人

### お金に固執しない生き方もあり。審美眼を磨けば人生は豊かに。

「金運」のオーラは、力を授ける代わりに気品を奪う面も。この世での成功とは「財を成すこと」と思われがちですが、必ずしもそうとは限りません。むしろ、物質的なものに固執しない生き方もあるでしょう。あなたは、とくにそういった「お金に執着している」イメージを避けようとして「金運」のオーラが弱いのかもしれません。

　本来お金とは社会の中で循環しているものであり、一か所にとどまることはありません。それでもお金が必要だというときは、まず、「動機」を問うてください。例えば、事業資金でお金が必要というなら、明確な目標を立て、それに向かい惜しみなく努力することです。また、「審美眼」を磨くことも大切。ブランドにこだわるのではなく、長く使える良質のものを選ぶ目を持つようにしましょう。言うまでもなく、もっとも忘れてはいけないのは、「お金があることが幸せ、ないのは不幸」という考えをなくすことなのですから。

# オーラのくすみと輝き

## 同じような色合いのオーラでも、持ち主によって輝きに違いが。

美しい女優さんや人気絶頂のアーティストのことをみなさんは「オーラがある」といいますが、オーラのない人はいません。「オーラが輝いている」というのが正しい表現です。自分のことをよく知っていて、前向きで、魅力や才能をさらに高める努力を継続している人のオーラはひときわ輝いて見えます。その反対に、オーラがくすんでしまうことがあります。悩み、トラウマ、怠け心、依存心、嫉妬心など、よこしまで後ろ向きな気持ちを抱いていると、オーラの色自体ににごりやくもりが出て、くすんで見えるのです。また不規則な生活による疲れ、体調不良でも、オーラの輝きは失われます。オーラをいつも輝かせておくためには、心と体のコンディションをバランスよく整えることが大切です。

# ［几帳面］のオーラ

## 仕事をうまく進めるには、青緑のオーラが大切。

計画性はバッチリ、「冷静」「慎重」で「几帳面」な青緑のオーラは、ビジネスを段取りよく進めるには欠かせないものです。ところが、「几帳面」であるための弱点もあるため、バランス感覚を持つことが大切です。このオーラが弱いという結果が出た人は、青緑ならではの長所を参考にしましょう。

## チェックリスト

下のリストで、今の自分にあてはまる項目をチェックしましょう。チェックの数で現在のあなたの「几帳面のオーラ」の強弱がわかります。

- □ クイズ番組が好き。
- □ めったに怒らない。
- □ 服はコンサバ系である。
- □ 古典文学をよく読む。
- □ パーティが苦手。
- □ 毎日必ずお茶を飲む。
- □ 公私は分ける。
- □ 植物を育てている。
- □ 結婚願望あり！
- □ 伝統芸能に惹かれる。

5個以上の人 強　　4個以下の人 弱

## **几帳面**のオーラが
# 強い人

## 「几帳面」ゆえに無難になりがち。変化を望むなら〝脱マニュアル〟を。

「几帳面さ」は、生来の性格であるだけでなく、成長過程で強まることもあります。きちんとしたしつけの家庭で育つほど「几帳面さ」が表れる可能性が高いでしょう。

オーラカラーは、青の「冷静」と緑の「保守的」との融合で、青緑の光を放っています。「神経質」で、物事が整然と進まないと不安になります。〝ハウツー〟に忠実で、過信しすぎる傾向もあるでしょう。そのためアクシデントに弱く、瞬間的な判断が苦手で、対応が遅れがちです。また、それを自分でもよくわかっているからこそ「几帳面」に計画を立てるのです。

しかし、行きすぎた「几帳面さ」は事態の進展を阻みます。もし恋の発展や仕事のキャリアアップなどで大きな変化を望むのなら〝脱マニュアル〟を図りましょう。「情熱」の赤、「好奇心」のオレンジのカラーや石を身につけると、良いアイデアが浮かんだり、ハプニングを乗り越える瞬発力が備わる助けになるかもしれません。

## **几帳面**のオーラが

# 弱い人

## 直観力頼みもいいけれど、ときには綿密さも必要です。

「几帳面」の特徴を持つ青緑のオーラと対照的なのは、赤のオーラカラーです。チェックの数がほとんどない人はおそらく赤のオーラを持ち、「行動力」や「情熱」で瞬発的に問題をクリアする傾向が強い可能性が。そのために緻密さを嫌う面もあるのでしょう。

しかし、ときには「几帳面さ」も必要です。とくにビジネスでは、「冷静」に物事に取り組むべきときがあるものです。そういった場合は、事前にお茶を飲んだり、読書をするなど、心を落ち着けるようにしてみましょう。

また、チェックの数が4個に近い人のオーラは、「几帳面」な傾向はあるものの、やや正確性を欠いているようです。大きなことに挑むときには勇気が湧かず、つい逃げの姿勢をとってしまうこともあるでしょう。こういったタイプは本来の「几帳面さ」に「活発さ」を加えることが必要です。「逃げ」の意識が働いたときは、その理由をしっかり分析して。

# [ほがらかさ]のオーラ

## バランスの良い**黄緑**オーラは、いつも笑顔の人気者に。

「ほがらかさ」のオーラを宿すのは、いつも楽しそうで、笑顔の絶えない人。その明るさに惹かれ、多くの人が周りに集まってきます。オーラカラーは、緑の「癒し」と「優しさ」、黄色の「ユーモア」が融合した黄緑。人間関係や処世術について悩んでいる人は、人気者のこのオーラの秘けつを学ぼう！

## チェックリスト

下のリストで、今の自分にあてはまる項目をチェックしましょう。チェックの数で現在のあなたの「ほがらかさのオーラ」の強弱がわかります。

- □ 目覚めにテレビをつける。
- □ 頭脳派がタイプ。
- □ 歯の治療が苦手。
- □ 入浴剤をまめに買う。
- □ 賭け事は嫌い。
- □ 仕事が気に入っている。
- □ あと3kg痩せたい！
- □ お酒ですぐに酔ってしまう。
- □ 頼れる親友がいる。
- □ 美容室をよく替える。

5個以上の人 強　　4個以下の人 弱

## ほがらかさのオーラが

# 強い人

**毎日をハッピーに過ごせるけど、寂しがり屋で落ち込むことも。**

「ほがらかさ」の黄緑のオーラを持つ人は集団に欠かせない存在。職場が緊張状態にあるときは場を和ませ、落ち込んでいる人には「明るさ」をもたらします。

また、このオーラを持つ人は〝幸せ探し〟の名人です。新しい店やおいしいスイーツなど、日常のささやかな発見を楽しむことができるため、毎日が充実しています。そして「ほがらかさ」は周囲へも伝わり、みんなで愉快な気持ちを共有することができるでしょう。

大勢と楽しく過ごすことが大好きな「ほがらかさ」のオーラですが、それゆえに「寂しがり屋」という弱点もあります。友人、知人に嫌われることを恐れ、ついいい顔をしてしまうことがあるでしょう。しかし、やりすぎれば「八方美人」と思われかねないので気をつけてください。「ほがらかさ」に恵まれているのですから、自分らしさを失わなければむやみに嫌われることはありません。過度に落ち込まないようにしましょう。

# ほがらかさのオーラが
# 弱い人

## 自分の気持ちに素直になり、ほめ上手になるよう心がけて。

人間は、年を重ねるほどフィルターを通して世間を見るようになりがち。「こうでなければならない」という思い込みや偏見を抱き、「いい大人がそんなことはできない」と羞恥心が働いて、感情のままに行動することができません。そうやって自分を取り繕おうとするほどに、じつは「ほがらかさ」のオーラが弱くなっていくのです。「ほがらかさ」の黄緑のオーラを高めるには、素直な感動を大切にしてください。笑いたいときには笑い、泣きたいときに泣くことで、心のフィルターが徐々に取り払われていきます。そして日頃から、人のあら探しばかりするのではなく、まず長所を見いだすことから始めてみましょう。そして「あなたのここが素晴らしい」と相手に率直に伝えることで、「ほがらかさ」のオーラがあわせ持つ「優しさ」のパワーも輝きます。すると、あなたの周りにもたくさんの人が集まり、笑顔の絶えない関係が築かれるでしょう。

# ［浮気性］
## のオーラ

### 楽天家の**黄色**のオーラが、あなたを浮気へと誘う!?

　酔った勢いやふとした出来心に突き動かされて、つい別の恋に走ってしまったり、移り気だったり…。12色あるオーラカラーのうちで、「浮気性」の面が出やすいのは黄色のオーラ。心の奥に浮気心があるかどうか、素直な気持ちでチェックリストにトライして。診断の結果では「浮気性」の対処法も紹介します。

## チェックリスト

下のリストで、今の自分にあてはまる項目をチェックしましょう。チェックの数で現在のあなたの「浮気性のオーラ」の強弱がわかります。

- □ お腹の調子が悪い。
- □ 雨の日は苦手。
- □ 友達のノロケ話は嫌い。
- □ 最近、よく転ぶ。
- □ スパイシーな味が好き。
- □ 腰が痛いことがある。
- □ 旅に出たい！ と思う。
- □ いつもと違う服を購入。
- □ 通勤路を変えたばかり。
- □ お酒に弱くなった。

5個以上の人 **強**　　4個以下の人 **弱**

## **浮気性**のオーラが

# 強い人

## 明るくて愛嬌抜群のあなた。誘惑に負けないよう注意。

オーラカラーの中で、もっとも色みが薄い黄色。このオーラを持つ人は、自分でも「自分がわからない」と感じることがあるようです。今の幸せを実感できず、次々に楽しいハプニングを求めてしまう傾向が。黄色の「明るさ」や「愛嬌」が異性を惹きつけ、自身も誘惑に流されやすいので、結果として浮気に発展しやすいともいえるかもしれません。

もし最近、服や食べ物の好みが変わったのなら、とくに「浮気」の傾向が強まっているので要注意です。人間の〝軸〟である腰やお腹の調子が悪い場合も同じ。自分を見失い、人生プランからそれつつあるサインなのです。黄色のオーラに包まれていると楽観的になりがちで、「浮気は軽い火遊び」としか思わないかもしれませんが、本命の恋人に「大きな裏切り」と捉えられるのは必至です。浮気に走るのは、内心寂しさを抱えているからかも。これを機に、冷静に自分を見つめ直してください。

## 浮気性のオーラが弱い人

**「冷静」の青がブレーキをかけ、心を平穏にさせているよう。**

今のあなたは、心をうわつかせる黄色のオーラは弱いようです。むしろ「冷静」や「落ち着き」を象徴する青のオーラが強いのかもしれません。そのために、浮気に走る前に、自分できちんとブレーキを踏めるのでしょう。

恋愛中ではないからといって、「浮気性」のオーラと無縁ではありません。特定の恋人がいなくても浮気をする場合もあります。すると、浮足立って一夜限りの肉体関係を結んだり、騙されたり…と、発展性のない恋愛を繰り返してしまいます。しかし、今のあなたはそれとは反対で、「冷静さ」を持っています。生涯を共に歩むような大切なパートナーを見極める時期ともいえそうです。恋人がいる人は、相手の新しい魅力を発見できるはず。一方で、フリーの人は互いに磨き合える相手かどうかをよく考えながらの相手探しを。青のオーラが強いときは仕事にも取り組みやすいので、キャリアアップに集中するのもおすすめです。

# ［世話焼き］のオーラ

## 太陽のように人々を照らす、活動的なオレンジのオーラ。

「世話焼き」のオーラは太陽のようなオレンジカラーで、圧倒的な存在感を持ちます。優しさと献身的な行動によって周囲から信頼され、たくさんの友人、知人に恵まれているでしょう。ところが、その中にはずる賢い人がいることも…。油断は禁物です。「世話焼き」の気質は賢く活用しましょう。

## チェックリスト

下のリストで、今の自分にあてはまる項目をチェックしましょう。チェックの数で現在のあなたの「世話焼きのオーラ」の強弱がわかります。

- [ ] 家に防災グッズがある。
- [ ] 方向音痴だ。
- [ ] 紙袋が捨てられない。
- [ ] バーゲンに燃える。
- [ ] テレビはつけっぱなし。
- [ ] 泣き上戸である。
- [ ] 通販をよく利用する。
- [ ] キャラクター大好き！
- [ ] ダイエット情報に強い。
- [ ] よく落とし物をする。

5個以上の人 強　　4個以下の人 弱

## **世話焼き**のオーラが

# 強い人

### 明るく、優しい人気者！
### 誘惑の罠には慎重に対応を。

　ふいに誰かのことを思い出し「大丈夫かな？」と心配したり、困っている人には手を差し伸べずにはいられないあなた。「世話焼き」で、周囲に気を配ることをやめられません。

　このオーラを持つ人は人気者で、華やかさと明るさが多くの人々を引き寄せるのでしょう。それはオレンジの「陽気」「ほがらかさ」のパワーの影響だけでなく、心から相手を思って世話を焼く優しさにもよるものなのです。ただ、気をつけてほしいのは、あなたの「楽天的」すぎるくらいの優しさを利用して、何でもやってくれると決めつけて面倒なことを押しつける人もいる、ということ。引き受ける前に、それが「本当に相手のためになるのか」を必ず一考する習慣を持ちましょう。

　また「早とちり」な面もあり、衝動買いで安物をつかんだり、強引なセールスの被害に遭いやすいことも。甘い誘いにはくれぐれも注意してください。

## 世話焼きのオーラが 弱い人

### 緊急事態では行動的になって！「世話焼き」を味方にしよう。

人は自分にないオーラに惹かれるものです。「世話焼き」のオーラが弱い人はおそらく「慎重」「クール」なタイプで、正反対のオレンジのオーラの人をうらやましく感じているのでしょう。

「世話焼き」オーラの長所は損得勘定なく助力を買って出るところです。対照的にあなたは慎重に見極めてから行動に移すため手助けのタイミングを逃すことも。あるいは、面倒くささから「誰かがやるだろう」と静観しているのかもしれません。しかしアクシデントや友人のピンチなど、緊急事態で力を求められたら、ためらわずアクションを起こしましょう。本当に相手のことを思いやる想像力があれば、情熱と行動力を示せるはず。

また早とちりな「世話焼き」オーラを持つ人にとって、あなたの「冷静さ」はブレーキに。一方、オレンジ色の「世話焼き」は腰の重いあなたをリードしてくれて、力を補い合える、素晴らしい友人関係になるでしょう。

# ［哲学］のオーラ

## 理論で進む**青紫**オーラ、苦手ジャンルは恋愛!?

　青と紫のオーラカラーが融合した青紫のオーラ。「哲学」のオーラの持ち主はオーラカラーでいうと青紫で、とても勉強熱心な、理論を重んじて行動する知的なタイプです。事前のリサーチ、ルール作りが得意だけど、それゆえのウィークポイントもあり。すべてが計算通りにはいかないのが人生なのです。

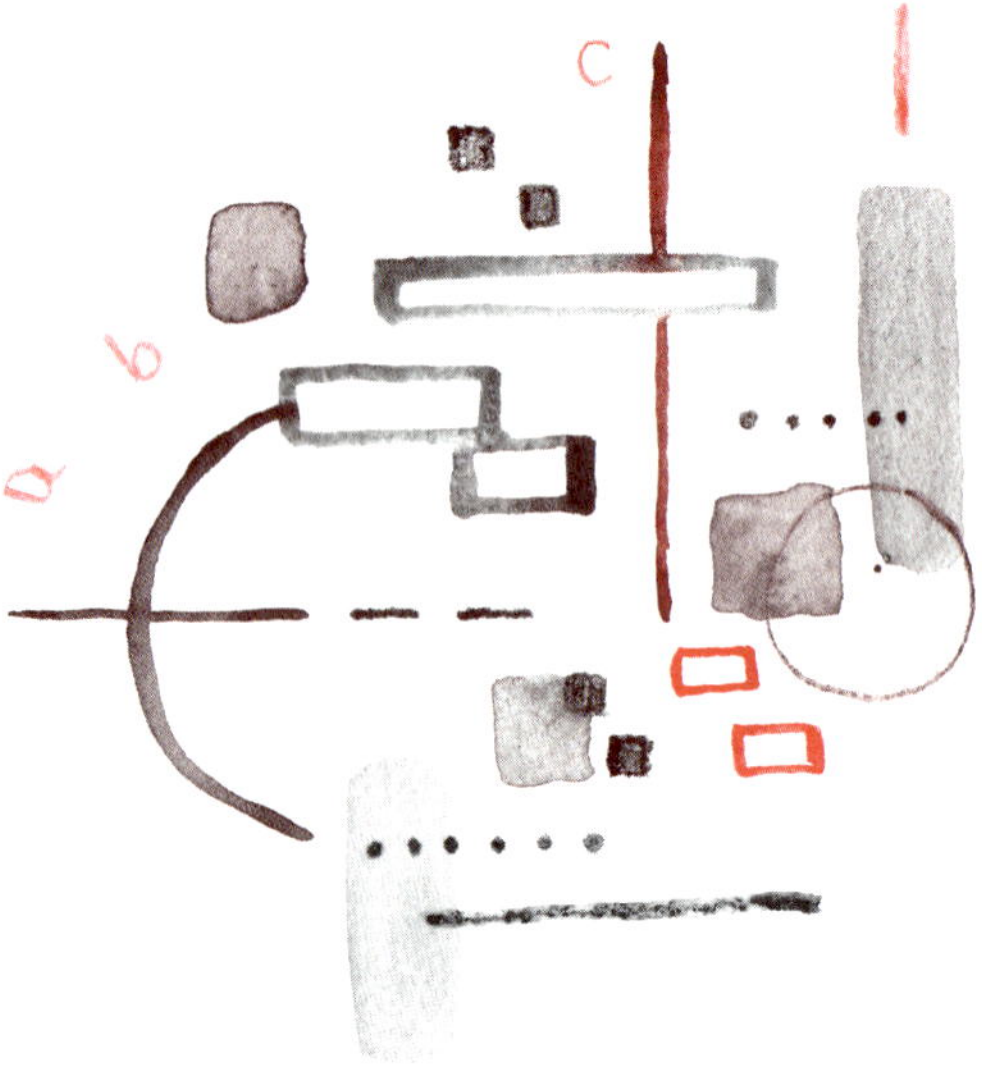

## チェックリスト

下のリストで、今の自分にあてはまる項目をチェックしましょう。チェックの数で現在のあなたの「哲学のオーラ」の強弱がわかります。

- □ 手帳が分厚い。
- □ 毎朝、定時に起きる。
- □ 週に1度は本屋へ。
- □ スポーツが不得意。
- □ 恋人はやっぱり顔！
- □ 夢をよく見る。
- □ 用件は電話よりメール。
- □ ハンカチは必携。
- □ 史実の映画が好き。
- □ 文房具が好き。

6個以上の人　強　　5個以下の人　弱

## 哲学のオーラが

# 強い人

## 理性優先の危なげない人生。ときには心のままに行動しよう。

青紫の「哲学」のオーラは感情より「思考」が先行し、冷静に「自己分析」をします。また人生の指針を書物から学ぼうとし、先人の意見を尊重します。小説より伝記やノンフィクション、バラエティ番組よりはドキュメンタリーを好むでしょう。感情に流されないので恋愛は苦手かもしれません。ハウツー本のテクニックをもとに計画を立てますが、相手が予想外の行動に出るとパニックに。なぜなら「哲学」のオーラの持ち主は、自分と同様に他人も「理論」に基づいた行動をとると信じているから。また美意識も高く、自分のイメージからはみ出すことを好まないので、相手のちょっとしたミスに腹を立ててしまいがち。

慎重なので、短絡的な行動による失態は避けられますが、ときには「理性」を抑えないと、大切な人のSOSサインや心の変化を見逃してしまいます。知性を保ちながら、シーンによっては心のままに動く「柔軟性」を学びましょう。

## 哲学のオーラが 弱 い人

## 読書で「哲学」オーラを高めて、行動の前にはオーラ・マーキング。

考える前に言葉を口にしたり、思いつくまま行動して失敗したとき、人は「もうちょっと理性的になっていれば」と後悔するものです。オーラカラーにあてはめると「情熱」で行動する赤、「早とちり」の多いおっちょこちょいタイプのオレンジの人でしょう。そんなそそっかしいあなたに足りないのは、青紫の「哲学」のオーラです。

「哲学」のオーラの持つ「理性」は〝転ばぬ先の杖〟として、あなたの人生に安定感をもたらします。

そして、冷静な「分析力」によって、自分の中に眠っている未知の才能にも気づかせてくれます。

このオーラを高めるのは、まず内観による自己分析。そして読書。それも小説ではなく、ロジカルな新書や思想書がいいでしょう。また、オーラ・マーキングも良いでしょう。仕事などで大事なことがある前に、知識の豊富な年長者や、理性的な人物に相談を持ちかけると、道筋が整って、軽率な失敗は避けられるはずです。

# ［判断力］のオーラ

## 判断力アップの鍵は、
## **赤・青・金**の３オーラと体力！

　仕事、恋人との付き合い方、ショッピングなど、あらゆるシーンで「判断力」が問われます。オーラカラーは赤・青・金の３色で、それぞれの持つパワーが「判断力」を強めています。さらに意外なところでは体力も重要な要素なのです。「判断力」のオーラだけに、チェックテストでもスピーディな決断を!

## チェックリスト

下のリストで、今の自分にあてはまる項目をチェックしましょう。チェックの数で現在のあなたの「判断力のオーラ」の強弱がわかります。

- □ 正直、読書は嫌い。
- □ 天気で体調が変わる。
- □ 食にこだわりなし。
- □ 勘が鈍いようだ。
- □ 終わった恋を引きずる。
- □ 人付き合いは苦手。
- □ 衝動買いが多い。
- □ メニュー選びは人任せ。
- □ じっとしていられない。
- □ 疲れやすい。

5個以下の人 強　　6個以上の人 弱

# 判断力のオーラが強い人

## 冷静かつ知識が豊富で、情に溺れず判断ができる。

人生の分岐点で欠かせない「判断力」のオーラカラーは、赤と青と金です。「行動力」の赤、「冷静」な分析力の青、判断の根拠となる「知識」の金。すべてが揃って「判断力」のオーラになります。

このオーラが強い人は、フィジカル面での強さもあります。大きな判断を下すには、揺らぎのない確かな気力が必要。その気力は、食欲があり、良質な睡眠をとり、体力がみなぎっていると高まるものなのです。また、情に溺れているときは判断を誤りがちですが、自分にとって大切なものが何であるかを「冷静」に見極められるのが「判断力」のオーラの持ち主なのです。恋や仕事においても、見切りをつけるのも比較的、早いタイプともいえるでしょう。

しかし、赤の「行動力」や青の「冷静」が強まると、独りよがりな結果を招くので気をつけましょう。判断を正しく導くのは豊富な知識です。たくさんの経験を積み、知識を深めてください。

## 判断力のオーラが弱い人

# 規則正しい生活と小説や映画での疑似体験を。

「判断力」のオーラが弱い理由はあなたの優しさにあります。あらゆる方面に配慮しようとするため、なかなか判断を下すことができず、誰にとっても曖昧な結果を招いてしまうのかもしれません。

また、「判断力」は、体調に左右されることも。具合の悪いときは「判断力」を支える「行動力」の赤いオーラが弱まっています。不十分な睡眠もオーラを低下させる原因です。睡眠は守護霊からの教えを授かる大切な時間。それをおざなりにしていては、判断を下す際に、守護霊とのプラグがつながりづらくなることも。

「判断力」オーラを高めるために、規則正しい生活と健康維持を心がけましょう。または疑似体験も有効です。小説や映画に触れるときは主人公になり、「自分だったらどう思うか」を考えます。同僚や友人の行動を「自分ならどうするか」という視点で観察します。すると自分にも相手にとっても的確に判断できるようになるでしょう。

# ［人見知り］のオーラ

## 孤独が好きで、趣味に夢中。
## マイペースな銀のオーラ。

社交ベタで、ひとりで過ごす時間が多く「人見知り」しやすい人は、「こだわり」の強い銀色のオーラカラーを宿しています。職人のような頑なさで仕事や趣味に没頭し、夢中になるあまり、交際を忘れがち。また、オーラの弱かった人は、銀のオーラカラーの職人タイプを積極的に応援しましょう。

## チェックリスト

下のリストで、今の自分にあてはまる項目をチェックしましょう。チェックの数で現在のあなたの「人見知りのオーラ」の強弱がわかります。

- □ 行きつけの店がある。
- □ 映画はひとりで行く。
- □ 悩みを人に相談しない。
- □ 同じ色の服が多い。
- □ 一人旅が好き。
- □ 上司と折り合いが悪い。
- □ 健康食品に詳しい。
- □ 引っ越しは苦手。
- □ 自分から謝らない。
- □ 収集癖がある。

5個以上の人 強　　4個以下の人 弱

# 人見知りのオーラが強い人

## 人を寄せつけない職人気質。でも、ときには交流を持って。

人それぞれに歩調はありますが、「人見知り」のオーラを宿す人はとりわけマイペースです。「とっつきにくい」といった印象を与えてしまうほどで、なかなか自分から周囲に溶け込もうとしません。それはオーラカラーが「孤独」を愛する職人気質の銀色だから。

銀のオーラを持つ人はひとつの道を究めるタイプです。生涯をかける趣味やコレクションに没頭する傾向があるのです。時間を忘れて打ち込むため他人との交流はとどこおりがちに。流行にあまり関心がなく、服装や髪型には自分なりの「こだわり」を持っています。

自分の趣味や仕事に関わることにはしっかり責任を持つので、比較的、落ち着いた人生を歩むことでしょう。しかし、何事においても人の手を借りずには成し遂げられません。交流の機会を避けず、もう少し世界を広げてみましょう。見聞が広まることで、あなたが究めようとする道に、さらに深く、充実した成果がもたらされます。

## 人見知りのオーラが 弱い人

### せっかくの社交性を活かして、「究める人」の理解者になる。

「人見知り」のオーラが弱いあなたは、社会人として程よい社交性を持つ人。だからこそふさわしい役割は、「人見知り」の傾向がある「頑固」な銀のオーラタイプの理解者、支援者となること。

もし周囲に「こだわり」の強い職人気質の人がいたら、その人をあるがままに受け入れ、理解するスタンスで接してください。その際に気をつけるべきことは「人見知り」のオーラの持ち主のペースをできるだけ乱さないことです。あなたの考え方や行動パターンを急に押しつけると、相手はかえって警戒心を強め、心を閉ざしてしまいます。ですが、「人見知り」のオーラを持つタイプは、一度心を許した相手には自分のありのままの姿を見せます。そして生涯の親友としてあなたを受け入れてくれるでしょう。またあなたは、「こだわり」の強い銀のオーラならではの趣味や仕事の世界に間近で触れて、新しい知識、刺激を得ることもできます。

# ［魅惑］のオーラ

## 赤・黄色・紫の強力パワーで、多彩な内面から魅惑が光る。

「魅惑」のオーラをまとう人は、赤・黄色・紫の3色をあわせ持っています。「魅惑」というと、一般的に「フェロモンがある」という肉体的な魅力を連想するかもしれませんが、人間的な内面の魅力を表すものなのです。多くの人を魅了する「魅惑」のオーラを学んで、人間的な深みを身につけましょう！

## チェックリスト

下のリストで、今の自分にあてはまる項目をチェックしましょう。チェックの数で現在のあなたの「魅惑のオーラ」の強弱がわかります。

- □ 計画を立てるのが好き。
- □ 年上の友人がいる。
- □ 気が強いと言われる。
- □ 筆まめである。
- □ 仕事に情熱を感じる。
- □ 自分はドジだと思う。
- □ 野心がある。
- □ 純愛ドラマは泣ける！
- □ 酔うと陽気になる。
- □ ダイエットに成功した。

5個以上の人 強　　4個以下の人 弱

## **魅惑**のオーラが強い人

### さまざまな表情を見せる人。その個性が「魅惑」につながる。

「魅惑」のオーラの代名詞は〝ミステリアス〟です。あるときは天真爛漫なのに、突然クールになる。そんな正体のつかめない多様性こそが、周囲には〝魅力ある人〟と映るのです。このオーラの持ち主は、赤、黄色、紫のオーラの気質をあわせ持っています。

　赤のオーラパワーが「より魅力的になろう」という野心をかき立てていても、紫の「調和」の力があるので、その行動が嫌みに見えません。紫の中に含まれている青の「冷静さ」によって、的確な分析もできるはず。ただ、それが行きすぎると「したたか」という印象を与えることもあります。そこをサポートするのが黄色のオーラカラー。あなたの子供のような「ほがらかさ」は、人を惹きつける魅力につながっているのです。

　このように「魅惑」のオーラとは、たんに外見の性的アピールが強いことをいうのではなく、内面の複合的な魅力があってこそ醸し出されるものなのです。

## 魅惑のオーラが弱い人

### 怠け者や気配りベタだと「魅惑」のオーラが弱くなる！

　生まれながらに「魅惑」のオーラを宿している人はいません。このオーラは、年齢や経験を重ねるにつれて輝きを強めるものです。「魅惑」のオーラを彩る3色のうち、どれが欠けても異性を惹きつける魅力を持つことはできません。そこで自分に足りない色を考えてみてください。美への「情熱」を支える赤か、それとも「優しさ」や「情愛」の紫でしょうか。あるいは「天真爛漫」の黄色かもしれません。最近、メイクや身だしなみを手抜きしたり、ダイエット中なのにお菓子に手を伸ばしていませんか？　仕事が忙しいときに苛立ちを同僚にぶつけているかもしれません。また、食事をごちそうになった相手にお礼の手紙やメールを怠っていないでしょうか。

　情熱なのか、周囲への配慮なのか、明るさ、ほがらかさなのか…「魅惑」のオーラを追求したい人は、赤、黄色、紫のうちで自分に欠けていると思う色を持った人から良きところを学びましょう。

オーラコラム❸

# オーラの相性

恋や、友人関係がうまくいかないのは、
オーラの相性のせいではない。

同系色のオーラが「波長の法則」で惹かれ合うことはありますが、それはタイプが似ているため。相性の良し悪しとは関係ありません。そもそも、オーラや人間関係に「相性」というものはありません。お互いに個性を尊重し、磨き合うことこそが何より大切なのです。例えば、もしあなたの霊体のオーラが「慎重派」の青紫なら、赤のオーラを持つ相手から「積極性」を学びましょう。逆に、相手の赤のオーラならではの「短気」な面を青紫のあなたがいさめられるでしょう。弱点をカバーし、お互いのすぐれた面を活かせば、一緒に成長できるすばらしい関係になるはず。

それは恋人や同僚との関係でも同じです。人間関係に恵まれないことを相性のせいにばかりしていてはいけません。

# ［起業］のオーラ

## 起業を成功させるのは、努力家の**赤紫**オーラ。

男性も女性も、起業家が増えている時代です。将来的に独立、開業を目指すなら、今からさっそく「起業」の赤紫のオーラを身につけられるよう努力をしましょう。そのためのキーワードは、「夢」と「計画性」。安易に楽な道を進もうとすると、成功にはつながらないことも頭に入れておいてください。

## チェックリスト

下のリストで、今の自分にあてはまる項目をチェックしましょう。チェックの数で現在のあなたの「起業のオーラ」の強弱がわかります。

- [ ] 朝昼晩しっかり食べる。
- [ ] ブログを書いている。
- [ ] 人間観察が好き。
- [ ] 服にアイロンをかける。
- [ ] 短時間睡眠でも平気。
- [ ] デジカメを持ち歩く。
- [ ] 季節のあいさつを欠かさない。
- [ ] もらうより贈るほうが好き。
- [ ] ひとりゴハンOK。
- [ ] 一年の目標がある。

6個以上の人 強　　5個以下の人 弱

# **起業**のオーラが 強い人

## 努力と人柄で信頼を得て、起業を成功に導く。

ビジネスの基本は人との交流です。大勢に好かれ、コミュニケーション能力の高い人ほど、有能なビジネスマンといえるでしょう。またそれは、「起業家」として必要な資質でもあります。

　赤のオーラの「情熱」「行動力」と、紫の「調和」「情愛」が融合することで、赤紫のオーラが成り立っています。頑張り屋で、責任感が強く、他人にはいつも優しさと真心で接するため、周りから信頼を得ることができるのでしょう。

周囲の人々は、あなたの人柄を評価してビジネスを望むのですから、「起業」のオーラが強いあなたは、大きな企業に属するより、むしろフリーランスやベンチャーの仕事に適しているのかもしれません。

　ただ気をつけたいのは、ときどき「お人好し」な面が勝り、採算を度外視したビジネスに偏ってしまう点です。また、頑張りすぎて休息を忘れ、体を壊す事態にもなりかねないので、何事においても限度をわきまえるのが肝心です。

## 起業のオーラが
# 弱い人

**オーラは純粋でこそ磨かれます。**
**夢を忘れず、たゆまぬ努力を。**

「起業」するためには、大金を稼ぐ能力が必要だと思われるかもしれませんが、そうではありません。むしろお金目的の強い人ほど「起業」は難しいでしょう。仕事に惚れ込み、真摯な姿勢でいることが何より大切です。

もし将来、「起業」を望むなら、「この道に進みたい」と最初に抱いた夢を抱き続けましょう。そして成功に向けて、どんな小さな努力も惜しまずに、たくさんの経験を積んでください。また、人間的に魅力があれば取引先や部下があなたを慕って陰に日向にと、大きな力を貸してくれるはずです。勉強を怠らずに、見聞を広め、人間力を高めましょう。純粋な気持ちと地道な努力によって、あなた自身が変わること。それがオーラを輝かせる第一歩です。

夢に向かって真剣に挑んでいれば、その結果、人脈も広がりチャンスにつながっていくでしょう。初心を忘れず、辛抱強く着実に道を進んでください。

# ［こだわり］のオーラ

## 銀のオーラで達人になれる。でも、風変わりな一面も!?

「こだわり」のオーラを持っている人は、外野の声はあまり気になりません。自分の信じる道を一途に進むので、努力が実を結べば、やがて成果が表れるでしょう。でも、銀の「こだわり」のオーラはオリジナリティを追求するため、周囲からは疑問を抱かれることもあるかもしれません。

## チェックリスト

下のリストで、今の自分にあてはまる項目をチェックしましょう。チェックの数で現在のあなたの「こだわりのオーラ」の強弱がわかります。

- □ あまり風邪をひかない。
- □ 節約している。
- □ 小さいものが好き。
- □ 素直に喜べない。
- □ 家で過ごす時間が長い。
- □ 結婚願望は薄い。
- □ テレビに向かってしゃべる。
- □ 自分からメールしない。
- □ 恋愛経験は少ないほう。
- □ 外食は好まない。

6個以上の人 強　　5個以下の人 弱

## こだわりのオーラが

# 強い人

### 道を究めるエキスパート！人からの援助や評価も大切に。

ひとつの物事に深く取り組むことができ、人生そのものを捧げることすらある「こだわり」の銀のオーラは「根気」の力も発揮します。あなたは仕事にせよ趣味にせよ、一度始めたらとことん打ち込むため、やがてその道のエキスパートになる可能性があります。

また、「こだわり」のオーラの持ち主には倹約家が多いでしょう。金銭欲をあまり持たず、自分の好みや趣味を収入に結びつけては考えない傾向が強いようです。一方で、人との交流がやや不得手で、評価を求めようとしないので、偉業を成し遂げてもスポットライトは当たらないかもしれません。

しかし、そうした評価に固執しないのもあなたの個性。ただ、「こだわり」の強いあなたが究めようとすることは、人の手を借りるとより良い結果を生むかもしれません。周囲の声に耳を傾け、励みにしましょう。年齢や性別を問わず、また異業種の人とも積極的に親睦を深めることも大切です。

## **こだわり**のオーラが 弱い人

## 「こだわり」のなさを補うのは、日々の生活の「習慣」です。

「こだわり」のオーラが弱い人は黄色や紫のオーラが強いことがあります。例えば、銀のオーラの人は服の選び方にも「こだわり」があり、同じスタイルを長年貫く傾向があります。対照的に黄色オーラの人は「流行」に敏感で、旬のスタイルを真似するのが得意。また、「調和」を重んじる紫の人は、目立つことを好まず、控えめで上品なスタイルを好むでしょう。しかしどちらも「時代」の投影であり、その人自身の「こだわり」ではないのです。また、そのような「流行」や「同調」を求める人は、仕事などでも、同じような傾向が出やすいようです。

人とは違う自分なりの「こだわり」が欲しいなら、ひとつのことを毎日続ける習慣を持って。「毎日、日記をつける」など簡単なことでかまいません。また、自分が本当に求めるもの、必要とするものを書き出し、いつも見えるところに貼っておきましょう。自分を知ることがもっとも大切なのです。

# ［結婚］
# のオーラ

## 「調和」の**紫**のオーラが、安定した結婚をもたらす。

　結婚の幸せは十人十色です。基本的にオーラカラーで判別できることではありませんが、「結婚に前向き」なオーラと考えれば紫があてはまるでしょう。結婚への心構えができている、紫のオーラの傾向をチェックしましょう。いつチャンスが訪れてもいいように、自分の結婚観を顧みることも大切です。

## チェックリスト

下のリストで、今の自分にあてはまる項目をチェックしましょう。チェックの数で現在のあなたの「結婚のオーラ」の強弱がわかります。

- □ パンより米が好き。
- □ 友人にお金は貸さない。
- □ 尊敬する人物がいる。
- □ 一目惚れの経験がない。
- □ 仕事が楽しい。
- □ 二日酔いはしない。
- □ 年齢より上に見られる。
- □ ひとりで外食はしない。
- □ お守りを持っている。
- □ 合コンは苦手。

5個以上の人　強　　4個以下の人　弱

## 結婚のオーラが

# 強い人

## 「冷静さ」を持ってこそ、より良い「コラボレーション」に。

結婚は、一般的には恋愛の延長線上に位置づけられますが、「結婚」と「恋愛」は学びの目的が異なります。恋愛は、相手の気持ちを思いやるなど、〝感性〟を学ぶもの。その一方で、結婚は人と人との「コラボレーション」であり、〝忍耐〟の修行です。決して恋の「情熱」だけでは成り立ちません。ふたりの関係を客観的に捉え、相手の意見に耳を傾ける冷静さがなければ、結婚生活を円滑に送ることが難しくなることも。ふたりの「コラボレーション」をより良いものにしようとする「調和」の紫こそ、前向きな「結婚」に必要といえるかもしれません。

しかし、紫のオーラの気をつけるべき点は「人が良すぎる」点です。愛情と同情を混同し、相手を甘やかせてしまうこともあります。どちらか一方の想いが強すぎる「コラボレーション」はバランスを崩しやすいもの。情に溺れないためには、つねに「冷静」であることを心がけましょう。

# 結婚のオーラが弱い人

## 期待を抱きすぎてないか、自分の結婚観を振り返って。

言うまでもなく、結婚することが幸せのすべてではありませんし、オーラが弱いからといって悲観するものではありません。今のあなたに必要なのは、むしろ自分の結婚観をじっくりと振り返ってみることではないでしょうか。もしかするとあなたは、結婚に対して「絶対に幸せになれる」という大きな期待を寄せたり、相手に「結婚したらこうしてほしい」という要求を抱きすぎているのかもしれません。しかし、結婚はふたりの力で築くものです。そのことをしっかりと心に刻み、過剰な期待を抑えるように心がけてください。

あるいは、結婚というものを悲観的に捉えすぎている人もいるでしょう。友人や知人の苦労話をたくさん見聞きし、結婚に対して前向きな気持ちになれないのかもしれません。ただ、行動なくしてはどのような結果も生じません。もし、今のあなたが結婚に前向きになりたいのなら、ある程度は能動的になることも大切でしょう。

# ［ユーモア］のオーラ

## 人気者に欠かせない、
## 笑いを運ぶ**黄色**と**金**のオーラ。

　魅力的な人の条件に「ユーモア」は欠かせない要素といわれます。じつはその「ユーモア」を持った人の傾向を分析してみると、オーラカラーは「明るさ」を象徴する黄色。高度なウィットを持ち合わせている人は、さらに金のオーラも輝かせている人です。「ユーモア」を身につけて、目指せ、人気者！

## チェックリスト

下のリストで、今の自分にあてはまる項目をチェックしましょう。チェックの数で現在のあなたの「ユーモアのオーラ」の強弱がわかります。

- □ インテリアに凝っている。
- □ 旅の計画は任せて！
- □ 洋服は一目惚れで買う。
- □ 仕事が早いと言われる。
- □ 上司のご機嫌がわかる。
- □ ひまわりが好き。
- □ 社会情勢に関心あり。
- □ 飲み会では仕切り役。
- □ 一大事の前夜は眠れない。
- □ からかわれやすい。

6個以上の人 強　　5個以下の人 弱

# ユーモアのオーラが 強い人

## みんなを幸せにするユーモア。度を越さないように気をつけて。

「ユーモア」を持ったあなたの周りには、きっと笑い声が絶えないことでしょう。それは、話術に長けているからだけではなく、その場のムードを捉える名人だから。空気を読み、人の心の揺れを察知できる人であるからこそ、気のきいた言葉が飛び出すのでしょう。

そんなあなたの発言が多くの人に笑いをもたらすのは、「明るさ」を宿す黄色のオーラだけでなく、金の「感性」も持ち合わせているから。そう、笑いには人としての〝品性〟も大切なのです。

また、「ユーモア」の持ち主には仕事ができる人も多いようです。旅行や宴会の計画を任された場合も、豊かな「感性」を活かして、周囲が納得するような充実したプランを立てられるでしょう。

ただ、黄色のオーラが強すぎると「お調子者」と囁かれたり、冗談の皮肉が強すぎて相手を傷つけるので注意して。ひとりで突っ走らず、程よくブレーキを踏めるように心がけましょう。

# ユーモアのオーラが 弱い人

## 持っていて損のないもの。努力次第で身につけられます。

人間が生きていく上で「ユーモア」が絶対に欠かせないとは言いませんが、持っていると日々の暮らしをより彩るものではあります。仕事、友情、恋愛面でも「ユーモア」があると、余裕が生まれ、人間関係がより豊かになるものです。「ユーモア」がやや少ないあなたに必要なのは、知識と想像力です。幅広い知識がウィット力を高めるので、社会に対してもできるだけアンテナを張っていましょう。そして、想像力を養うには、人の気持ちを理解する努力を惜しまないこと。相手が何を考え、何を求めているのか自分なりに想像できるようになると、場面に適した話術を発揮できます。想像力を鍛えると、面白みだけではなく、コーディネート力も備わるでしょう。仕事でも先を読み、段取りよく片付けられるようになるはずです。

「ユーモア」は、努力次第で身につけることができます。ただ、身の丈に合わない無理は禁物ですから、できる範囲で実践しましょう。

# ［臆病］のオーラ

## 「用心深い」**青紫**のオーラ。でも、克服は可能です。

過去に悲しい思い出を持っていると、くすんだオーラが心を覆ってしまうことがあります。青紫のオーラが持つ「臆病さ」が強すぎると、人と人との真の交流は難しくなるかもしれません。愛する人と心を通わせたり、熱い友情を育みたいのなら、「臆病」のオーラをしっかり克服していきましょう。

## チェックリスト

下のリストで、今の自分にあてはまる項目をチェックしましょう。チェックの数で現在のあなたの「臆病のオーラ」の強弱がわかります。

□ ほめられるのが苦手。

□ 大きな失恋をした。

□ 家族を愛している。

□ 情報収集が得意。

□ 愛読書は恋愛小説。

□ 宴会は欠席が多い。

□ 最近、泣いていない。

□ サツマイモが好き。

□ 宝くじは買わない。

□ 鏡を見るのが嫌い。

5個以上の人 強　　4個以下の人 弱

## 臆病のオーラが

# 強い人

## 「臆病」のフィルターによって せっかくの好意が見えなくなる。

あなたは、人前に立つのが苦手で、初対面の相手には上手に振る舞うことができないようです。すべての場合がそうとは限りませんが、過去のトラウマが原因のことも。家族や恋人、友人からの裏切りを経験して、「臆病」になっているのかもしれません。すると、外界からの情報はフィルターを通して見て、優しさやほめ言葉には「裏があるのでは」と疑ってしまうのです。そういった「慎重さ」から、騙されることはめったになく、心に大きな傷を負わない利点もある、とはいえます。

しかし、あなたに向けられる言動のすべてに「裏がある」と本当にいえるでしょうか。「臆病」になっていると、せっかくの人の好意も無にしてしまいます。あなたが頑なな態度を改めなければ、疑いが疑いを呼んで、周囲は近寄りがたいと思ってしまいかねません。周囲に心を開けば、「臆病さ」は少しずつ弱まり、人を信じる心を取り戻せるようになるでしょう。

## **臆病**のオーラが

# 弱い人

### 行動に配慮が足りないよう…。
### 少しの慎重さがあなたを救います。

慎重すぎる青紫の「臆病」のオーラの対にあるのは、「大胆」を象徴する赤いオーラです。「短気」で「集中力」の高い人があてはまり、炎のような「情熱」によってあらゆる物事に迷いなく挑んでいくでしょう。こういったタイプの人は、他人からのほめ言葉に有頂天になり、自分を見失いがちなことも。考える前に言葉を口にする傾向もあり、その何気ないひと言が相手を深く傷つけることもあるので、注意が必要です。

なおかつ、自分を「優柔不断」なタイプだと感じるなら、あなたは黄色のオーラの持ち主かもしれません。誘惑に負けやすく、騙されやすい面もあるでしょう。この性格が見られる場合は、相手の表情や言葉を冷静に観察し、その真意を読み取るトレーニングが効果的。「慎重さ」を培うには、日々の生活においての実践が何よりも大切です。周囲に信頼できる相談相手を見つけ、その人の意見を参考にしてみるのもよいでしょう。

# ［持続力］のオーラ

## 堅実な**青緑**のパワーで、人生の基本の「持続力」を会得。

「継続は力なり」といわれるように、何事も長く続けられるのはすぐれた特徴です。その「持続力」は、青緑の「冷静」で「平穏」な力の影響を少なからず受けています。甘い囁きに惑わされることなく、地道に人生を歩みます。反対にこのオーラが弱い人は、しっかりと自分の足元を固めることも大切でしょう。

## チェックリスト

下のリストで、今の自分にあてはまる項目をチェックしましょう。チェックの数で現在のあなたの「持続力のオーラ」の強弱がわかります。

- □ 見合いもありだと思う。
- □ 絶叫マシンが苦手。
- □ ランチ代は抑えめ。
- □ 悩み相談をよく受ける。
- □ 頼れる異性が好き。
- □ 漫画はほとんど読まない。
- □ 10年先の目標がある。
- □ アルバムは宝物。
- □ 親の誕生日は必ず祝う。
- □ ホテルより旅館が好き。

6個以上の人 **強**　　5個以下の人 **弱**

## 持続力のオーラが

# 強い人

## 〝ちりも積もれば山となる〟を体現する堅実さの持ち主。

　分相応という言葉ほど「持続力」を語る上でふさわしいものはありません。あるがままの自分に満足し、身の丈に合わない生活は求めないでしょう。オーラカラーが青緑で、青の「冷静」な分析力で現実を受け止め、緑の「平和主義」の考えでトラブルを避けます。仕事をコツコツこなし、日常を淡々と過ごすため、「持続力」にますます磨きがかかるのです。

　また、「持続力」のオーラの持ち主は長期的な計画を立てるのが得意で、目先の欲に駆られません。恋愛においても、身の丈に合った相手を探したり、長い生涯を共に着実に歩んでいける伴侶を選ぶようです。手堅く、安定した人生を送れる人といえるでしょう。ただ、あまりにも綿密な計画を立てすぎると、方向転換が難しくなることも。適度な〝余裕〟を持たせることも必要かもしれません。たまには冒険してみる精神も必要でしょう。そうすれば、何か新しい発見があるかもしれません。

## **持続力**のオーラが弱い人

### 夢ばかりを追いかける前に、足元をしっかり固めよう。

あなたは、豊かな想像力の持ち主なのでしょう。新たな可能性を次々に発見すると実際に試さずにはいられず、ひとつの場所にとどまっていられなくなりがち。

想像力は人生に必要不可欠で、それが人を豊かにしますが、その想像力も行きすぎれば「妄想」になることも。妄想に駆られてしまうと、現実を直視できず、手の届かないものを追うようになってしまいます。例えば、収入に見合わない買い物をしたり、異性の理想を高く掲げて実際の恋愛に結びつかない、といった事態を迎えることも考えられます。

夢を持つのは良いことですが、まず足元をしっかり固めなくては高みにはのぼれません。「節約をする」「早寝早起きをする」といった、簡単に始められる小さい目標を立てて地道に実践することで「持続力」を高めましょう。その上で想像力を発揮させれば、夢への確かな一歩を踏み出すことができるでしょう。

# ［安眠］
## のオーラ

## 「癒し」の緑のオーラが、深く、安らかな睡眠へと誘う。

「睡眠」は、スピリチュアル・ワールドへの里帰り。肉体の休息だけでなく、たましいのエネルギー補給にも欠かせないものです。オーラカラーが緑の人は、「癒し」の力を持ち、気持ちが落ち着いていることから、比較的、生活リズムの乱れも少ないようです。安らかで心地よい睡眠のヒントを得ましょう。

## チェックリスト

下のリストで、今の自分にあてはまる項目をチェックしましょう。チェックの数で現在のあなたの「安眠のオーラ」の強弱がわかります。

- □ 朝は同じ電車に乗る。
- □ めったに食べすぎない。
- □ 人前では泣かない。
- □ 夕食時刻はほぼ一定。
- □ タオル地のものが好き。
- □ 宴会で羽目を外せない。
- □ 休日はよく読書をする。
- □ 買い物は慎重派。
- □ 緊張するとお腹が痛くなる。
- □ 定期預金をしている。

5個以上の人 強　　4個以下の人 弱

## 安眠のオーラが
# 強い人

**心が安定しているから眠れる。規則性を好む傾向も強いよう。**

　心が静まっていないと良質の睡眠をとることはできません。興奮していたり、心配事があって神経過敏だと、意識が覚醒したままで眠りも浅くなってしまいます。つまり、精神的に安定していることが、質の良い睡眠をとるためにも欠かせないのです。

　オーラカラーが緑の人は実直で、身の丈を越えるような夢は追わないタイプといえるでしょう。周りからの誘惑や一時の快楽に惑わされて夜遊びすることも少なく、むしろ規則正しい生活を好むようです。日々の生活を振り返ってみると、駅まではいつも同じ道順で歩き、同時刻の電車の、同じ車両に乗る、というような自分なりの法則を持っている人も多いでしょう。

　そうした規則正しい生活を守ることができるのは、すこやかな睡眠につながる、あなたの長所です。ただ、リズムを崩されたときに体調にまで影響が出やすい点には注意が必要です。臨機応変な対応ができる柔軟性を養ってください。

## 安眠のオーラが弱い人

### 睡眠リズムの乱れに注意。生活に癒しを取り入れて。

人間は睡眠によって肉体だけではなく「たましい」も休息させます。睡眠中にたましいは幽体離脱をし、スピリチュアル・ワールドを訪れ、癒しとエネルギーを補給します。しっかり睡眠をとることが、心と体に必要なのです。

「安眠」のオーラが弱いときは、赤のオーラパワーが強まっているかもしれません。赤の「情熱」や「行動力」は生きる上で欠かせない力ですが、強すぎると暴飲暴食に走ったり、夜更かしをしてでも遊びたいという欲求が増すことも。

また、逆の場合もあり、青のオーラが強く「悲観的」になると家にこもりがちで、惰眠を貪ることもあるでしょう。睡眠リズムの乱れは、規則正しい生活によってある程度は改善できます。マッサージや入浴など、生活に「癒し」の習慣を取り入れてもよいでしょう。

また、寝る前におへその下あたりにあるツボ（丹田）に手を当て、エネルギーを補給しておくこともおすすめです。

江原啓之　えはら・ひろゆき

1964年生まれ。東京都出身。スピリチュアリスト。世界ヒーリング連盟会員。和光大学人文学部芸術学科を経て國學院大學別科神道専修Ⅱ類修了。滝行、修験道の修行を重ね、北澤八幡神社に奉職。1989年、英国で学んだスピリチュアリズムも取り入れ、スピリチュアリズム研究所を設立。雑誌、テレビ、出版、講演などで活躍中。また、スピリチュアル・アーティストとして、第2弾CD『スピリチュアル・エナジー』（ソニー・ミュージックダイレクト）をリリース。著書に『眠りに潜むメッセージ スピリチュアル・夢ブック』『運命の赤い糸をつなぐ スピリチュアル・ブライダルブック』（共に小社刊）などがある。

公式HP
http://www.ehara-hiroyuki.com/

携帯サイト
http://ehara.tv/

＊現在、個人相談は休止中です。お手紙などによるご相談もお受けしておりません。

本書は、『アンアン』にて連載の「オーラcheck!」（2005年９月28日号～）を加筆修正したものです。

## STAFF

装丁　細山田光宣、岡 睦

表紙ロゴマーク&イラスト　添田あき
本文イラスト　平野瑞恵

写真　小川朋央

編集　堀木恵子

及川卓也
麻坂博史
柳楽 祥
藤島由希

校閲　聚珍社

スピリチュアル
オーラブック basic

2006年8月23日　第1刷発行
2015年5月18日　第5刷発行

著者　江原啓之

発行者　石﨑 孟
発行所　(株)マガジンハウス
〒104-8003
東京都中央区銀座3-13-10
書籍編集部　☎03-3545-7030
受注センター　☎049-275-1811
印刷／製本　大日本印刷株式会社


ISBN978-4-8387-1712-5 C0039

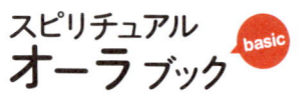